微信视频号与公众号AI运营一本通

姜旬恂　王军华　韩艺◎编著

化学工业出版社
·北京·

内 容 简 介

本书是一本微信公众号与视频号的运营指南，全面讲解了如何结合文心一言、DeepSeek、剪映、即创、可灵等各类AI工具和技术高效运营视频号和公众号的方法和技巧，帮助读者从零起步，逐步掌握从账号定位、内容策划到推广运营的全流程操作。

全书共7章，第1章介绍了公众号和视频号的基础知识，以及两者之间的联动关系，帮助读者全面了解和认识微信生态中的公众号和视频号。第2章至第7章分别讲解了账号定位、标题撰写、文案写作、脚本创作、素材生成和账号运营等核心内容。

全书内容通俗易懂，将基础介绍与实际操作相结合，既适合短视频和公众号创作者、企业营销人员、自媒体从业者入门，又能为有经验的创作者提供灵感和指导。

图书在版编目(CIP)数据

微信视频号与公众号AI运营一本通 / 姜旬恂，王军华，韩艺编著. -- 北京 : 化学工业出版社，2026. 2.

ISBN 978-7-122-49825-0

Ⅰ. F713.365.2-39

中国国家版本馆CIP数据核字第2026WK4553号

责任编辑：王婷婷　　封面设计：异一设计

责任校对：宋　玮　　装帧设计：盟诺文化

出版发行：化学工业出版社（北京市东城区青年湖南街13号　邮政编码100011）

印　　装：大厂回族自治县聚鑫印刷有限责任公司

710mm×1000mm　1/16　印张13　字数249千字　2026年3月北京第1版第1次印刷

购书咨询：010-64518888　　售后服务：010-64518899

网　　址：http://www.cip.com.cn

凡购买本书，如有缺损质量问题，本社销售中心负责调换。

定　　价：59.80元

前　言

作为国内领先的社交平台，微信以其庞大的用户规模和强大的社交功能，赢得了广大用户的喜爱。而视频号和公众号作为微信生态中不可缺少的一环，为品牌、企业及个人提供了广阔的信息展示与互动交流的舞台。

而随着更多的创作者加入视频号和公众号，人们在生成内容与运营时遇到各种难题——选题创意枯竭、标题点击率不高、脚本创作效率低、推广效果不理想等，本书通过将AI技术与视频号、公众号运营相结合，全面讲解了各种运营方法和技巧，帮助读者轻松上手，快速掌握。

◎ 本书特色

6大主题内容——全方位满足创作需求

本书按照运营流程，归纳整理出了“账号定位、标题撰写、文案写作、脚本创作、素材生成、账号运营”6大主题内容，能够全面满足不同阶段运营者的不同需求，轻松解决各种运营难题。

7种AI工具——全方面辅助内容创作

本书综合运用了文心一言、DeepSeek、可灵、即创、即梦、剪映、Midjourney这7款前沿的AI工具，能够为读者提供丰富的实操指导和创新灵感，提升创作效率与内容质量。

25个实战案例——提供丰富的创作指导

本书针对各种运营问题，给出了相应的实战解决案例，读者可以参照模仿，并快速用于自己的账号运营。

◎ 学习建议

在编写本书时，是基于当前各种AI工具最新界面截取的实际操作图片，但本书从编辑到出版需要一段时间，这些工具的功能和界面可能会有变动，请在阅读时，根据书中的思路，举一反三，进行学习。

提示词也称为关键词或“咒语”，需要注意的是，即使使用相同的提示词，可灵等AI模型每次生成的视频、图像、文案效果也会有差别，这是模型基于算法与算力得出的新结果，是正常的。读者可重点学习提示词的编写思路和方法。

目 录

第 1 章

快速了解微信公众号、视频号

在数字化营销与内容创作的浪潮中，微信公众号与视频号已成为企业与个人提升影响力的两大核心工具。微信公众号以其具有深度的内容和订阅生态，与用户建立了强大的信任关系；而视频号则依托微信生态，凭借短视频与社交传播的结合，迅速成为抢占流量的全新阵地。

1.1 认识微信公众号

微信公众号是个人开发者或商家在微信公众平台上申请的应用账号，该账号与QQ账号互通，通过公众号，商家可在微信平台上实现和特定群体的文字、图片、语音、视频的全方位沟通、互动。本节将详细介绍微信公众号的一些基本知识。

1.1.1 微信公众号的概念

微信公众号，简而言之，是微信平台上的一种官方账号，允许个人、企业、组织等主体申请并运营，用于发布信息、提供服务、与用户进行互动交流。自2012年推出以来，微信公众号凭借其庞大的用户基础、丰富的功能应用和便捷的互动方式，迅速成为新媒体领域的重要力量。

微信公众号的诞生，是微信从即时通信工具向综合服务平台转型的重要标志。它不仅为用户提供了更加多元的信息获取渠道，也为内容创作者和商家提供了前所未有的营销和推广机会。

1. 核心特征

（1）多元化内容形式：微信公众号支持图文、视频、音频等多种形式的内容发布，满足用户多样化的信息需求。

（2）精准推送：运营者可以根据用户的兴趣、地域、行为等特征，进行精准的内容推送，提高信息的到达率和阅读率。

（3）互动性强：用户可以在公众号文章下留言、点赞、转发，与运营者和其他用户进行互动交流，形成活跃的社区氛围。

（4）自定义菜单：公众号可以设置自定义菜单，方便用户快速访问常用功能或内容分类，提升用户体验。

（5）数据化运营：公众号后台提供了丰富的数据统计功能，帮助运营者了解用户行为、内容表现，为优化运营策略提供数据支持。

2. 主要功能

（1）内容发布：运营者可以在公众号上发布原创文章、行业咨询、产品介绍等内容，吸引用户关注和阅读，如图1-1所示。

（2）用户管理：公众号支持用户管理功能，运营者可以查看用户信息、互动记录，进行用户画像构建和精准营销，如图1-2所示。

（3）服务提供：企业可以通过公众号提供在线客服、售后服务、预约挂号等服务，提升用户满意度和忠诚度，如图1-3所示。

【中奖通知】送1000元话费！
昨天 10:44
睡觉时手机放床头，要担心辐射吗？
重磅发布
16:14
提 醒
款APP涉嫌侵害用户权益
工信部通报！27款APP涉嫌侵害用户权益
2024年11月25日 16:00 北京
听全文
网信安全
有我守护
"防范通讯信息诈骗"
系列专题
403
一秒支付、一键叫车
一触即达的新闻和娱乐……
在这个指尖滑动的时代
APP毫无疑问
给我们带来了前所未有的便捷
然而，这种便捷性的背后
有时也隐藏着
对个人权益的潜在侵害
57
189
14
写留言

图 1-1

公众号
留言
已发表内容
留言设置
原创
合集标签
互动管理
留言
私信
提到
投票
视频弹幕
自动回复
自定义菜单
用户管理
号内搜索
数据分析
收入变现
通知中心
按留言时间排序
2019-01-04 13:14
1232条
天正T20V6.0
2020-07-17 09:02
3条
或许你离成为视频号大IP，还差这几步
2021-06-16 17:30
1条
CAD2018软件下载
2018-12-13 17:13
9条
草图大师2018软件安装
2018-12-21 16:30
2条
老司机带你找资源啦~
2019-12-24 08:15
8条
1 / 15
跳转
留言/用户昵称
全部留言(1条)
按时间排序
不限留言时间
写留言
留言设置
请教一下，cad图如何转到excel单元格中
03-09 18:42:25
遇到问题

图 1-2

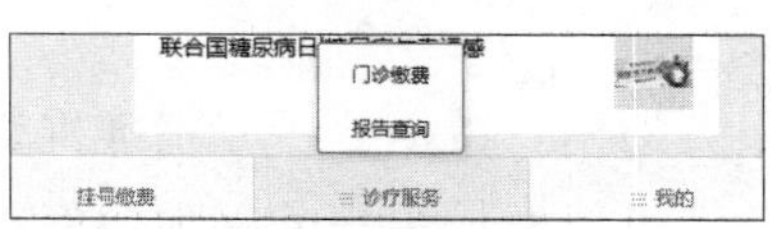
门诊缴费
报告查询
挂号缴费
诊疗服务
我的

图 1-3

（4）营销推广：公众号支持广告投放、优惠券发放、小程序电商等多元化的营销方式，帮助商家实现品牌曝光和销售转化，如图1-4所示。

图 1-4

（5）小程序介入：公众号可以与小程序无缝对接，为用户提供更加便捷、丰富的服务体验，如在线购物、预约服务、信息查询等。

1.1.2 微信公众号的商业价值

微信公众号作为微信生态中不可或缺的一部分，已经远远超越了单纯的内容发布平台范畴，它凭借其庞大的用户基础、高度的用户黏性以及多元化的功能应用，成为企业营销、品牌推广、服务提供乃至商业模式创新的重要阵地。微信公众号的商业价值主要体现在以下几个方面。

1. 品牌塑造与传播

微信公众号为企业提供了一个展示品牌形象、传播企业文化的窗口。通过定期发布高质量的图文、视频内容，企业可以讲述品牌故事，传递品牌价值观，增强用户对品牌的认知与认同。

同时，公众号还支持企业举办线上活动、互动问答等形式，加强与用户的互动，提升品牌亲和力和用户忠诚度。这种直接、高效的品牌传播方式，极大地降低了企业的营销成本，提高了品牌的市场影响力。

2. 精准营销与转化

微信公众号凭借其强大的用户数据分析和精准推送功能，成为企业实现精准营销的有力工具。运营者可以根据用户的兴趣偏好、地理位置、行为轨迹等信息，定制个性化的营销内容，并通过群发消息、模板消息等方式精准触达目标用户。

这种精准营销不仅提高了信息的到达率和阅读率，还显著提升了用户的购买意愿和转化率，为企业带来了可观的销售收益。

3. 电商变现与流量转化

微信公众号与电商的结合，为企业开辟了新的变现渠道。运营者可以在公众号中开设电商店铺，销售商品或服务，并利用公众号的流量优势进行推广和销售。

同时，公众号还支持与电商平台合作，通过推广商品获得销售佣金或利润。这种电商变现模式，不仅丰富了企业的盈利方式，还促进了流量的有效转化和价值的最大化，如图1-5所示。

图 1-5

4. 数据分析与优化决策

微信公众号后台提供了丰富的数据统计功能，包括用户增长、图文阅读、消息发送等关键指标。这些数据为运营者提供了宝贵的决策依据，帮助他们了解用户行为、内容表现，从而优化内容策略、推广产品方案和服务流程，如图1-6所示。

通过数据分析，企业可以更加精准地把握用户需求和市场趋势，制定更加有效的营销策略和业务规划。

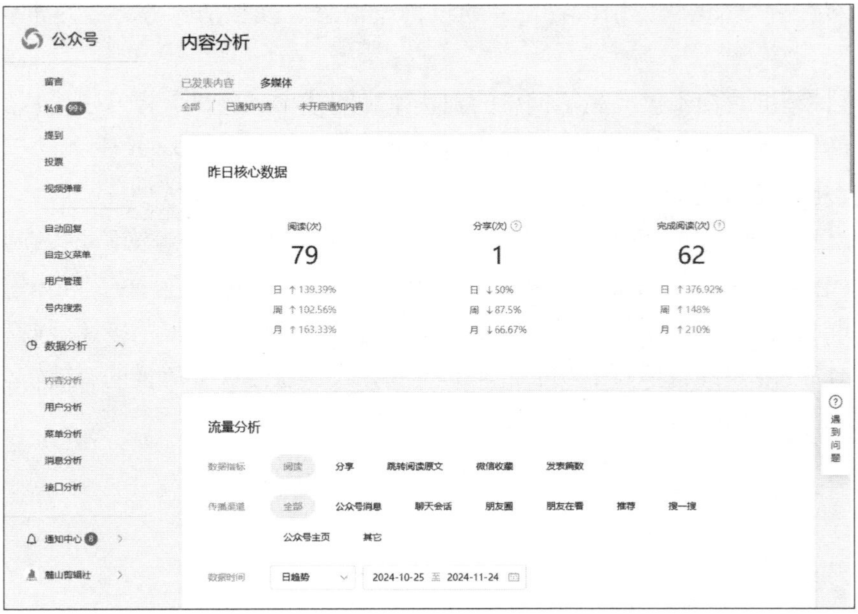

图 1-6

1.1.3 微信公众号的运营

在微信公众号体量已超过3000万个用户的今天，每个用户平均关注的公众号仅几十个，这意味着要在如此激烈的竞争中脱颖而出，必须掌握高效的运营技巧。信息流速之快，要求我们必须讲究“方法论”，才能在微信营销的冬天中稳健前行。

1. 社群学习与交流

（1）加入社群：不要孤军奋战，积极参与微信营销的QQ群、微信群，从同行的讨论中汲取经验，共享资源。

（2）行业交流：多参与行业内的交流活动，与同行深入交流，共同探索微信公众号运营的新思路。

2. 基础建设与认证

（1）微信认证：尽早完成微信认证，提升公众号的专业度和信任度。随着政策收紧，越早认证越有利。

（2）细节优化：选择合适的图片，图文匹配，注重板块细分，满足不同用户的需求。

3. 内容策略与推送

（1）多样化内容：推送不局限于文章，还可以是小知识、技巧、笑话等，增强内容的趣味性和实用性。

（2）推送时间：晚上或下午是推送的好时机，确保用户有足够的时间阅读；白天则适合进行产品促销。

（3）原创为王：坚持原创内容，提升公众号的独特性和吸引力。

（4）专题合集：整理专题或合集，提高内容的可读性和传播性。

4. 用户互动与服务

（1）避免过度推销：不要向朋友推销产品，保持人际关系的纯粹性，为销售另设专门账号。

（2）互动为核：重视与用户的互动，及时回复留言和评论，增强用户黏性。

（3）用户质量：粉丝质量重于数量，关注核心用户群体的需求和反馈。

5. 营销技巧与策略

（1）结合地域文化：根据目标市场的消费观和地域文化定制内容，提高内容的针对性和吸引力。

（2）多渠道推广：利用其他平台推广公众号，扩大影响力，实现内容的多维度传播。

（3）合作与渠道：与第三方合作，借助渠道力量获取更多粉丝。

6. 持续优化与坚持

（1）持续学习：关注微信公众平台相关规则的更新，确保运营合规。

（2）避免误区：警惕标题党诱惑，坚持脚踏实地、循序渐进地积累粉丝。

（3）坚持不懈：运营公众号需要长期投入和坚持，每一次推送都要认真对待，不走形式。

7. 其他注意事项

（1）微信认证的重要性：不仅可以提升信任度，还能解锁更多功能和特权。

（2）推送技巧：不必拘泥于固定时间，可以根据内容特点和用户习惯灵活调整。

（3）避免过度推送：不要为了推送而推送，确保内容的质量和价值。

（4）重视渠道与合作：多渠道推广，与第三方合作，是扩大影响力的有效途径。

1.1.4　微信公众号的类型

目前，微信公众号提供了服务号、订阅号两种主要类型，以满足不同企业和个人的需求，下面对其进行详细介绍。

1. 服务号

服务号是微信公众号平台为企业和组织提供的一种账号类型，旨在为企业提供更强大的业务服务与用户管理能力，帮助企业快速实现全新的公众号服务平台。

以下是关于服务号的详细介绍。

（1）服务号的特点

功能强大：服务号提供了丰富的功能接口，如自定义菜单、微信支付、消息模板等，这些功能使得企业能够为用户提供更加便捷和高效的服务，如图1-7所示。

消息直达：通过服务号发送的消息会直接显示在用户的聊天列表中，与用户进行一对一的交流，这种消息触达方式更为直观和高效，如图1-8所示。

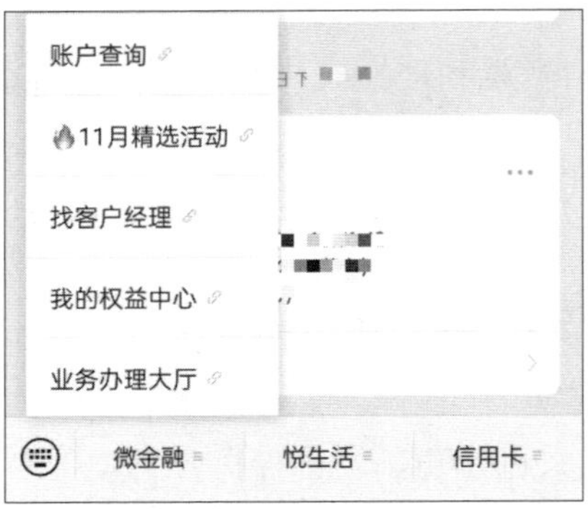

图 1-7

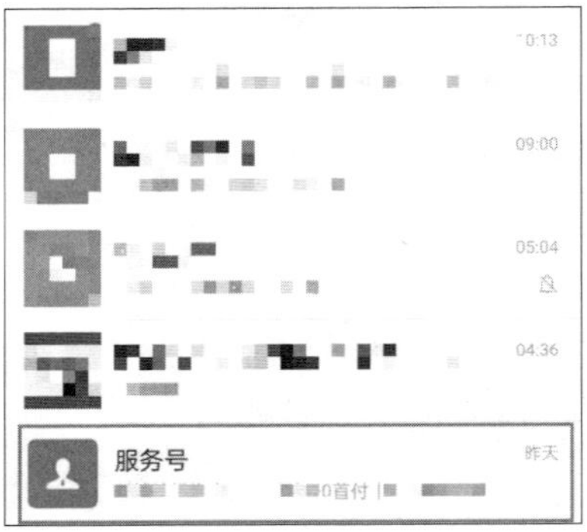

图 1-8

推送频率限制：与订阅号每天可以推送一条消息不同，服务号每个月只能发送4条群发消息。这种限制使得企业每次推送的内容需要更为精准和有价值，以避免用户产生反感。

用户管理：服务号提供了丰富的用户管理功能，如用户分组、标签管理等，这些功能可以帮助企业更好地了解用户需求和行为，从而制定更加精准的营销策略。

（2）服务号的应用场景

客户服务：企业可以通过服务号提供在线咨询、产品查询、售后服务等功能，为用户提供一个便捷的客户服务渠道。这种即时沟通的方式有助于提高用户满意度和忠诚度。

品牌宣传：服务号可以作为企业品牌宣传的窗口，通过定期推送企业动态、产品信息、行业资讯等内容，提升品牌知名度和美誉度。

营销推广：企业可以通过服务号向用户推送最新的产品信息、活动优惠、行业动态等重要通知，吸引用户关注和参与，促进销售转化。

用户互动：服务号支持多种互动方式，如投票、调查、抽奖等，这些活动可以增强用户参与感和黏性，提升用户体验。

（3）服务号的优势和劣势

服务号的优势如图1-9所示。

优势
- 入口浅，位于会话列表中，易于用户访问
- 接口丰富，可定制开发丰富的功能，如微商城、微预约等
- 支持支付功能，方便企业开展线上交易和付费服务

图 1-9

服务号的劣势如图1-10所示。

劣势
- 推送频率限制较严，每个月只能发送 4 条群发消息，可能影响用户黏性和活跃度
- 申请门槛较高，需要企业提供相关资质和证明，审核过程也更为严格

图 1-10

2. 订阅号

订阅号是微信公众平台的一种账号类型，主要用于个人、媒体、企业或组织向用户推送信息，以下是对订阅号的详细介绍。

（1）订阅号的功能

信息发布：订阅号允许运营者定期向关注者发送图文消息，是内容创作者和读者之间沟通的桥梁。

菜单定制：通过设置自定义菜单，提供快速访问路径或功能。

自动回复：设置自动回复关键词，提高与用户的互动效率。

数据统计：提供文章阅读量、用户增长等数据分析，帮助运营者优化内容。

（2）订阅号的特点

频率限制：根据微信的政策调整，订阅号每天可以群发一次消息，但条数有限制，这有助于防止信息过载。

界面位置：订阅号的消息通常收纳在微信的“公众号”文件夹内，用户点击该文件夹即可查看所有订阅号的新消息，如图1-11所示。

交互限制：与服务号相比，订阅号在与用户的交互上有一定的限制。例如，不能像服务号那样直接显示在聊天列表中，也不能提供像服务号那样的复杂服务功能。

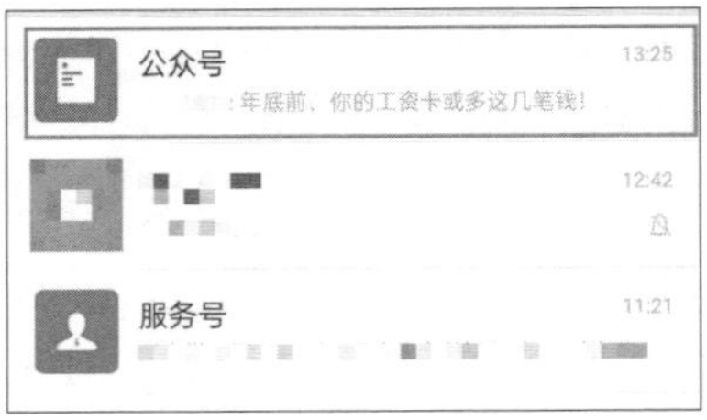

图 1-11

（3）订阅号的应用场景

订阅号主要用于信息分享和内容发布，适合媒体和个人。通过订阅号，企业可以有效地与客户建立联系，扩大影响力。例如，企业可以利用订阅号发布最新产品信息、行业资讯、活动通知等，增强与客户的互动和黏性。

1.1.5 选择服务号和订阅号

在选择微信公众号类型时，服务号和订阅号是两种常见的选择。它们各自具有不同的特点和适用场景，下面将详细讲解如何根据实际需求选择服务号和订阅号。

（1）服务号

特点如下。

- 申请主体：服务号主要面向企业、组织、媒体等机构，个人无法注册。
- 推送频率：服务号每个月可推送4条消息，推送频率较低。
- 消息展示：服务号发送的消息会直接显示在用户的聊天列表中，与好友消息一样，有消息提醒。
- 功能权限：服务号支持微信支付、客服功能、自定义菜单等高级功能，且接口权限更为开放。

适用场景如下。

- 售后服务：服务号适合提供售后服务、客户咨询等场景，能够即时与用户进行一对一的沟通。
- 品牌宣传：对于希望建立品牌形象、提供专业服务的企业，服务号是一个不错的选择。
- 交易活动：由于服务号支持微信支付功能，因此也适合用于开展交易活动，如微商城、线上销售等。

（2）订阅号

特点如下。

- 申请主体：订阅号的申请主体更加灵活，个人、企业、组织、媒体等均可申请。

- 推送频率：订阅号每天可推送一条消息，推送频率较高。
- 消息展示：订阅号发送的消息会被统一收纳在“订阅号”文件夹中，用户需要点击才能查看，且没有消息提醒。
- 功能权限：订阅号的功能相对较为基础，部分高级功能（如微信支付）需要认证后才能使用，且接口权限有限。

适用场景如下。

- 内容传播：订阅号适合内容传播、品牌推广等场景，能够定期向用户推送新闻、资讯、文章等内容。
- 媒体运营：对于新闻媒体、自媒体等，订阅号是一个非常好的内容发布和粉丝管理平台。
- 日常更新：对于需要频繁更新内容、与用户保持互动的个人或企业，订阅号也是一个不错的选择。

（3）如何选择

在选择服务号和订阅号时，可以从以下几个方面进行考虑。

- 申请主体：首先明确自己的身份和资质是否符合申请要求。
- 推送频率：根据自己的内容更新频率和用户需求来选择推送频率更合适的公众号类型。
- 功能需求：如果需要使用微信支付、客服功能等高级功能，或者需要与第三方进行对接，那么服务号可能更适合你。如果只是用于内容传播和品牌推广，那么订阅号也是一个不错的选择。
- 用户互动：如果需要与用户进行频繁互动和即时沟通，那么服务号可能更适合你。如果更注重内容传播和品牌推广，那么订阅号也是一个不错的选择。

1.2 注册微信公众号

前文已经介绍了微信公众号的一些基础知识和常见内容，本节将详细讲解如何注册微信公众号。

1.2.1 注册个人主体公众号

对于以个人身份申请微信公众号的人，准备工作相对简洁。但即便如此，确保资料的齐全与准确仍是成功注册的关键。个人主体需准备的资料包括但不限于身份证明、有效的手机号码，以及一个用于接收验证码的电子邮箱。这些基本信息将用于验证申请者的身份，确保公众号的安全性与合法性。

下面是注册个人主体公众号的详细操作步骤。

01 在百度搜索“微信公众平台”，打开相关信息搜索页面，单击“微信公众平台”超链接，如图1-12所示，打开其主页。

02 在“微信公众平台”主界面，单击右上角的“立即注册”按钮，如图1-13所示，即可跳转至注册页面。

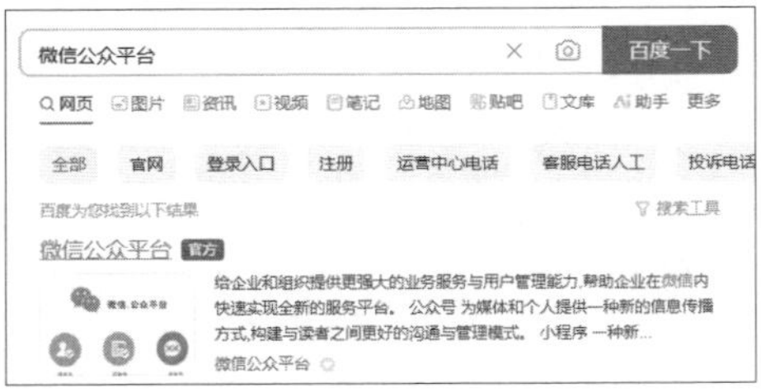

图 1-12

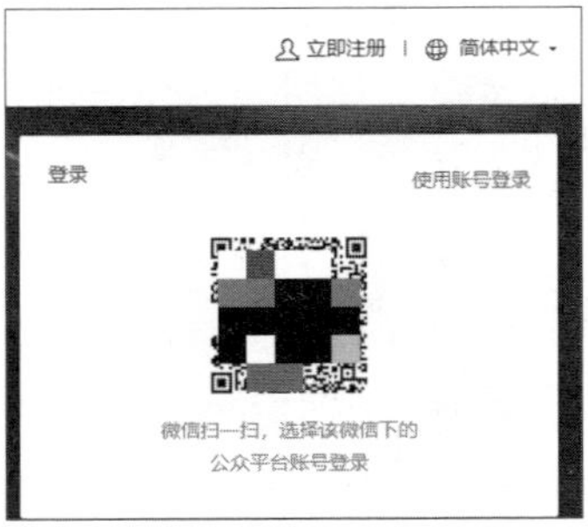

图 1-13

03 在注册页面，首先根据需求选择注册账号的类型，本例选择注册公众号，单击“公众号”类型，如图1-14所示，即可跳转到注册信息填写页面。

图 1-14

04 按步骤填写邮箱、邮箱验证码、密码，阅读并勾选“我同意并遵守《微信公众平台服务协议》及《微信公众平台个人信息保护指引》”复选框后，单击“注册”按钮，即可跳转到下一步骤，如图1-15所示。

05 选择公众号类型，单击公众号，创建个人微信公众号，如图1-16所示。

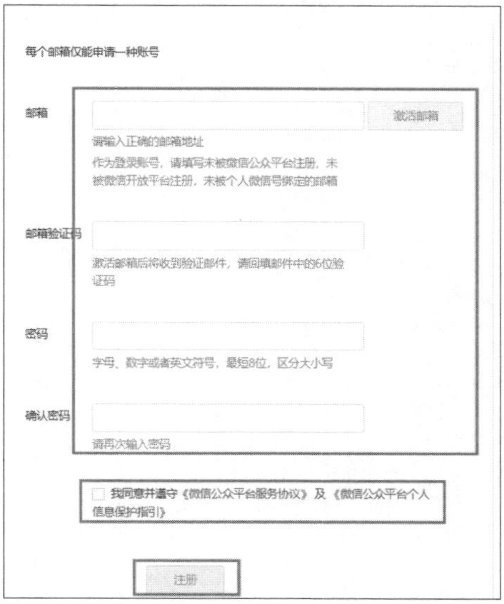

图 1-15

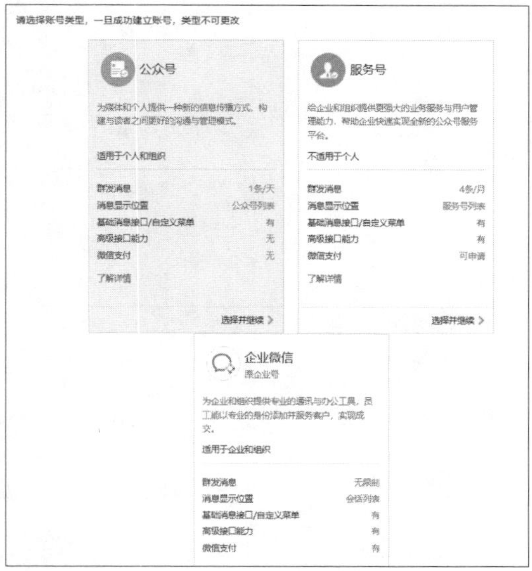

图 1-16

06 执行操作后，即可进入信息登记页面。在“主体类型”选项区域选择“个人”选项，如图1-17所示，并按步骤登记主体信息、管理员身份信息和创作者信息，如图1-18所示。完成后，单击“继续”按钮，跳转至下一步骤。

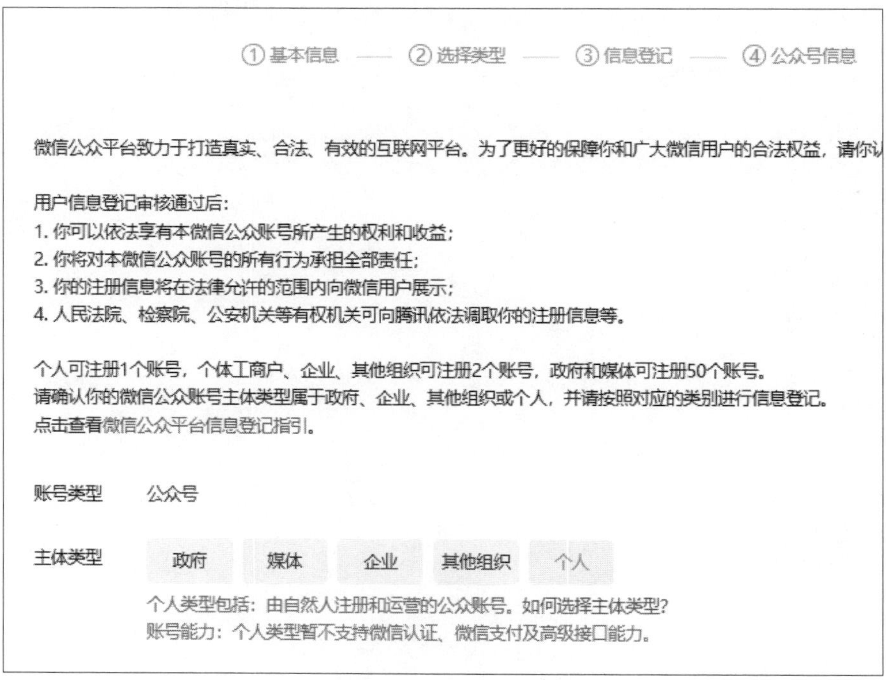

图 1-17

图 1-18

07 完善账号名称、功能介绍、内容类目、运营地区等信息即可完成注册，如图1-19所示。

图 1-19

1.2.2　注册企业主体公众号

相较于个人主体，企业主体在注册微信公众号时所需提交的资料则更为详尽。除了基础的公司信息（如企业名称、统一社会信用代码），还需提供营业执照副本、法定代表人身份证明、运营者身份证明，以及企业对运营者的授权书等，如图1-20所示。这些资料不仅用于验证企业的真实性，也是后续开通公众号功能与申请权限的重要依据。

图 1-20

由于注册企业主体公众号和注册个人主体公众号的操作步骤相差无几，所以在此不过多介绍。

1.2.3　修改公众号名称

修改微信公众号名称是一个相对简单但需谨慎的操作，因为每年只有两次修改机会。以下是修改微信公众号名称的详细步骤及注意事项。

（1）登录微信公众平台

使用公众号管理员的微信账号扫码登录微信公众平台，进入公众号管理后台，如图1-21所示。

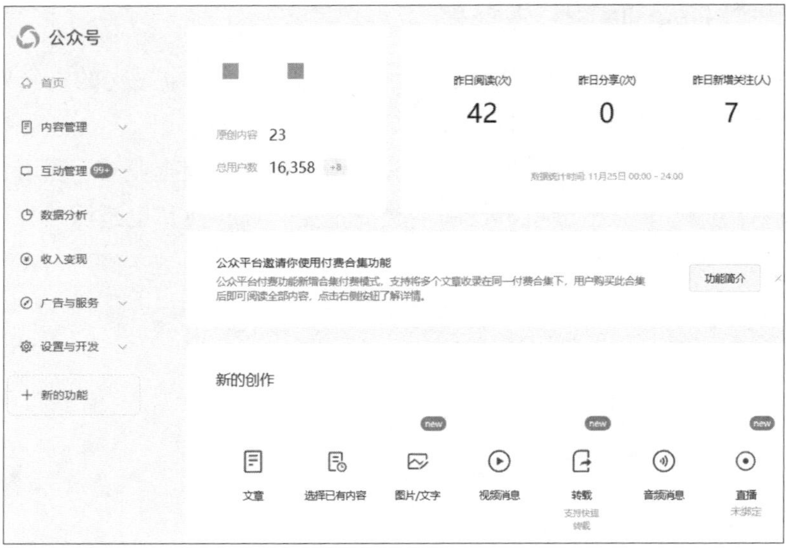

图 1-21

（2）开始修改名称

在公众号管理后台左侧的菜单栏中，找到并单击“设置与开发”选项，进入“账号设置”界面，找到“名称”一栏，单击该栏右侧的“修改”按钮，即可开始修改公众号名称，如图1-22所示。

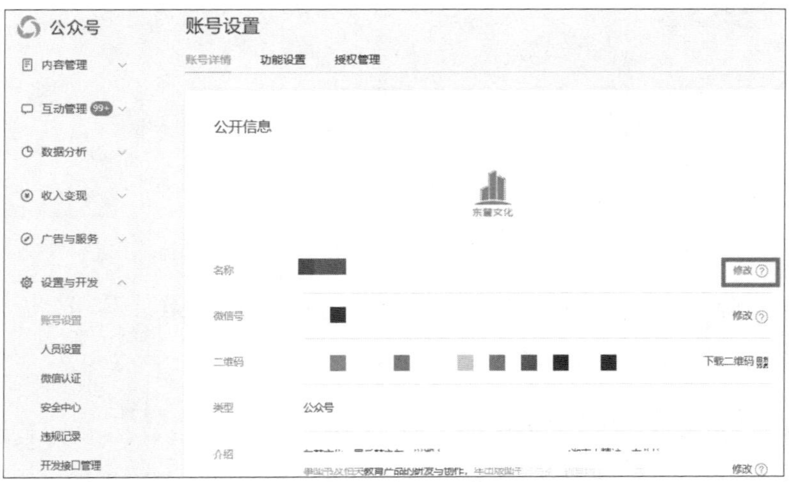

图 1-22

（3）身份验证

为了保障公众号的安全性，修改名称前需要进行身份验证。使用公众号管理员的微信扫描页面上的二维码，完成身份验证，如图1-23所示。

（4）填写新名称并提交审核

在验证通过后，进入名称修改页面。填写您想要的新名称，并确认该名称符合微信公众平台的命名规范（如不支持设置空格、特殊符号，不得侵犯商标权利、不能与已注册成功的账号名称重复等）。填写完成后，单击“确定”按钮提交审核。

图 1-23

（5）等待审核结果

提交审核后，您需要等待微信公众平台的审核结果。审核期间，公众号的名称将暂时显示为“提交审核中”。审核通过后，公众号的名称将自动更新为新名称；若审核未通过，您需要根据平台的提示修改名称后重新提交审核。

1.3　微信公众号的基础设置

微信公众号的基础设置，是指在账号正式运营前，需要完成的一系列核心信息与权限配置工作，包括人员设置、账号形象设置以及基础信息绑定等内容。其中，人员设置主要包括管理员和运营者的设置，下面详细介绍。

1.3.1　管理员设置

（1）定义与权限

管理员是微信公众号的核心管理者，拥有公众号后台的全部操作权限，包括发布文章、修改设置、绑定和解绑其他运营者等。

（2）设置步骤

01 登录微信公众平台，使用公众号的管理员账号或绑定的微信账号扫码登录。

02 在公众号管理后台左侧的菜单栏中，找到并单击“设置与开发”下的“人员设置”选项，如图1-24所示。

03 进入“人员设置”界面后，单击“绑定管理员微信号”按钮。

04 输入要设置为管理员的微信号，并发送验证邀请。

05 被邀请成为管理员的微信号会收到一条验证邀请消息，点击消息中的链接，按照提示完成验证即可成为公众号的管理员。

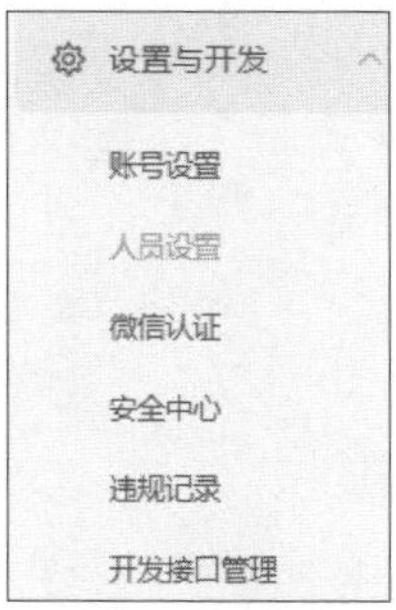

图 1-24

（3）注意事项

公众号只能有一个管理员。

管理员的微信号必须与公众号的主体信息相关联，确保账号安全。

如果管理员离职或不再负责公众号运营，请及时在“安全中心”界面解绑其微信号，并重新邀请新的微信号成为管理员。

1.3.2 运营者设置

（1）定义与权限：运营者是被管理员授权，协助管理公众号的人员。他们可以进行文章发布、消息回复等操作，但权限由管理员设定。

（2）分类：运营者分为长期运营者和短期运营者。长期运营者可以长期进行登录和群发操作，而短期运营者则只能在一个月内进行这些操作。

（3）设置步骤如下。

01 在公众号管理后台的“人员设置”界面中，在“运营者管理”设置区域单击“绑定运营者微信号”按钮，如图1-25所示。

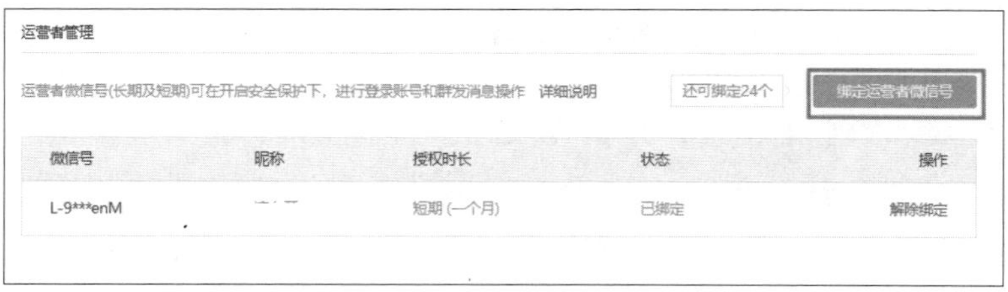

图 1-25

02 根据需要选择绑定长期运营者还是短期运营者，并输入需绑定的运营者微信号，如图1-26所示。

图 1-26

03 单击放大镜图标进行搜索，确认无误后单击“邀请绑定”按钮，如图1-27所示。

图 1-27

04 被邀请的运营者需要在收到邀请通知后，点击通知中的链接进行确认。同时，公众号的管理员也需要登录自己的微信账号，扫描页面上的二维码进行验证，如图1-28所示。

图 1-28

05 验证成功后，运营者即成功绑定为公众号的运营者。

数量限制：一个公众号最多可绑定5个长期运营者和20个短期运营者。

1.3.3 设置公众号头像

公众号头像是让用户在微信众多公众号中快速识别你的重要标志，因此选择一个既符合品牌形象又能吸引用户注意的头像至关重要。根据微信公众平台的规定，每个月有5次修改头像的机会，但在进行修改时，需遵循一定的规范和流程。下面介绍正确修改公众号头像的详细步骤。

01 在“账号设置”界面中，在“账号详情”选项卡中，单击相机图标，如图1-29所示。

图 1-29

02 在弹出的“修改头像”对话框中，选择想要设置为新头像的图片文件。请注意，图片格式需为BMP、JPEG、JPG、GIF或PNG，且文件大小不得超过2MB，如图1-30所示。上传图片后，可以对图片进行裁剪和调整，以确保它完美适配头像框。调整完成后，单击“确定”按钮。

图 1-30

提交新头像后，将进入审核流程。审核时间通常较短，但具体时长可能因平台繁忙程度而异，请耐心等待审核结果。

1.3.4　设置微信号

微信号，作为公众号的唯一标志，扮演着类似于个人微信号那样的“身份证”角色。

下面是设置微信号的详细步骤。

01 进入公众号后台，依次单击“设置与开发”与“账号设置”选项，进入“账号设置”界面，找到并单击“微信号”右边的“修改”按钮，如图1-31所示。

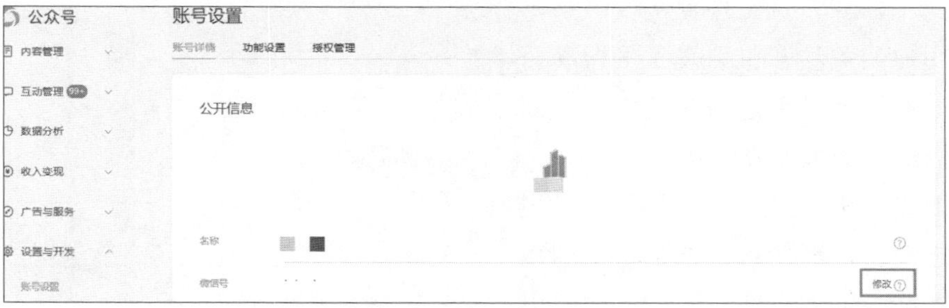

图 1-31

02 执行操作后，会进入身份验证界面，如图1-32所示，验证完身份后即可完成微信号的修改。

图 1-32

1.4 视频号——人人都可以创作的平台

随着5G时代的到来，网络媒体的内容形态正逐渐从图文向视频过渡。短视频的崛起和流行已深刻改变了众多用户的生活方式和娱乐习惯。以抖音、快手、火山小视频等为代表的热门短视频平台，正在占据大量用户的休闲时间，成为人们生活中不可或缺的一部分。这一现象不仅吸引了众多用户的关注，也引发了平台和企业的商业洞察，大家纷纷把握这一商机，以谋求更大的发展机遇。

值得一提的是，微信在推出视频号之前，已经先行探索了一系列短视频功能。例如，朋友圈中的“腾讯微视”以及“看一看”小程序等，都是微信在短视频领域的尝试和创新（图1-33）。

图 1-33

微信视频号是2020年1月22日腾讯公司官微正式宣布开启内测的平台。微信视频号不同于订阅号、服务号，它是一个全新的内容记录与创作平台，也是一个了解他人、了解世界的窗口。

视频号内容以图片和视频为主，还能带上文字和公众号文章链接，而且不需要PC端后台，可以直接在手机上发布。视频号支持通过点赞、评论进行互动，也可以转发到朋友圈、聊天场景，与好友分享。

视频号在微信中的位置非常显眼，位于“发现”页中“朋友圈”下方，与用户的朋友圈基本平级，非常有利于培养用户的使用习惯。但与朋友圈的私域流量池不同，视频号不仅能让用户看到好友的动态，还能接触到明星和其他知名人士的内容，实现了“私域+公域”的完美结合。

2023年1月10日，在2023微信公开课PRO上，视频号团队介绍，2022年总用户使用时长已经超过了朋友圈总用户使用时长的80%。视频号直播的看播时长增长156%，直播带货销售额增长800%。

1.4.1 深入了解其功能特点

下面介绍视频号的功能特点，帮助运营者更深入地了解视频号，方便以后进行精准定位和精细化管理。

（1）发布限制

目前，视频号支持单次发布8小时以内的视频或者18张以内的图片。运营者在视频号平台上发布的内容可以直接调用系统相机进行拍摄，也可以从相册选择，如图1-34所示。

（2）视频自动播放

视频号内的短视频内容都是自动循环播放的，视频播完之后会自动重播，不会跳到下一个视频。

（3）视频号的标题辅助表达

视频号的文字介绍部分（包括标题）最多可以写140个字，但不会全部显示，可以显示3行（约65个字），其余的会被折叠，用户点击标题后便可看到全部内容。

如图1-35所示，我们可以看见第一个视频号内容的文字介绍较短，因此能看见全部文字内容，而第二个视频号内容的文字介绍部分较长，想要观看全部文字内容就必须点击标题。

图 1-34

图 1-35

（4）点赞、评论、收藏和转发

点赞、评论、收藏和转发按钮都在视频号的右下角。目前短视频有两种点赞方式，运营者既可以双击视频，也可以点击下方的点赞按钮进行点赞。当评论的文字过长时会被隐藏，需要点进评论才能看到全部内容，如图1-36所示。一般来说，不建议大家写很长的文字内容，这样不利于用户点赞、评论、收藏和转发。

图 1-36

1.4.2 微信视频号走红的有利条件

微信视频号的迅速走红并非偶然，而是依托多方面的有利条件，这些条件使其在竞争激烈的短视频市场中脱颖而出。

1. 微信庞大的用户基数

微信作为一款拥有超过12亿月活跃用户的超级应用，其庞大的用户群体为视频号提供了天然的流量池。用户无须下载额外的应用，只需在微信内即可便捷地使用视频号，这种“零门槛”的使用体验极大地提高了用户的接受度。

2. 强大的社交链优势

微信视频号深度融合了好友关系链和朋友圈传播机制，使得内容的分发更加精准。用户在刷视频时，经常会看到好友点赞或分享的视频，这种熟人社交推荐机制大大提升了视频的曝光率和传播效率。

3. 广泛的内容生态

视频号允许用户发布图文、短视频和直播等多种形式的内容，极大地丰富了内容创作形式。同时，结合公众号、微信群和朋友圈的资源共享功能，形成了微信内的闭环内容生态，为创作者提供了多元化的内容传播渠道。

4. 微信支付和商业化能力

视频号与微信支付系统无缝对接，为内容创作者提供了直接的变现途径。例如，直播带货和视频附加商品链接等功能，让商家和创作者能够快速实现从内容到收益的转化。

5. 变现机会

微信视频号提供了多种变现机会，如创作分成计划等。这使得创作者能够通过创作优质内容获得经济回报，进一步激发了他们的创作积极性。同时，变现机会也吸引了更多专业创作者和机构的加入，提升了平台内容的整体质量和影响力。

6. 平台支持和功能完善

微信视频号作为微信平台上的重要功能之一，得到了平台的全力支持。平台不断推出新功能、优化用户体验，为视频号的创作者和用户提供更好的服务。同时，视频号的各项功能也日益完善，如直播、动态等，为创作者提供了更多展示和互动的机会。

1.4.3　视频号对短视频市场的改变

微信视频号的推出对短视频市场格局产生了显著的影响，下面详细介绍。

1. 用户规模的增长

微信视频号依托微信庞大的用户基数，迅速崛起。截至2022年6月，其日活用户已逼近两亿，展现出了巨大的流量潜力与流量增长空间。

与抖音、快手等短视频平台相比，微信视频号与这些平台的用户群体重叠率低，这意味着它吸引了大量新的短视频用户。

2. 市场格局的变化

微信视频号的崛起使得短视频市场格局从“两强领跑”逐渐发展为“三足鼎立”。抖音、快手和微信视频号共同构成了短视频市场的主要力量。

其他短视频平台如央视频、西瓜视频、腾讯微视、好看视频等，也在差异化细分垂直赛道持续深耕，但微信视频号凭借微信生态的优势，在竞争中占据了有利位置。

3. 用户习惯与社交属性

微信视频号与微信生态的紧密结合，使得用户可以在微信内无缝切换至视频号观看内容，培养了用户在微信内观看短视频的习惯。

视频号的社交属性也使其与其他短视频平台区分开来。用户可以通过视频号将内容分享到朋友圈、微信群等社交场景，增加了内容的传播范围和互动性。

1.4.4　短视频账号类型

根据短视频的内容和定位，我们可以大致将视频分为以下5种类型。

1. 品牌类

对品牌运营者而言，一个优秀的平台应能支持广告营销活动的开展。视频号正是一个这样的平台，它对品牌广告的限制较少。因此，众多品牌运营者纷纷选择在视频号上注册账号，并通过该平台实施品牌广告营销，以期获得更好的宣传效果。

2. 短视频号

短视频号的运营者大致可以分为以下3类。

（1）有一部分运营者此前从未涉足过短视频领域，他们希望借助视频号这一平台，通过发布短视频来吸引用户的关注，进而在视频号中构建自己独特的品牌形象。对这部分运营者来说，视频号不仅是他们发布短视频的阵地，更是他们塑造个人IP的重要舞台。

（2）还有一些运营者已经在其他短视频平台上运营过账号，但效果并不理想。对这部分运营者来说，视频号作为一个新兴的平台，为他们提供了重新开始的机会。他们可以利用视频号刚推出不久的优势，重点投入运营，尽早享受视频号带来的红利。

（3）还有一部分运营者已经在其他短视频平台积累了一定的粉丝基础。他们可以将自己的短视频同时上传到视频号平台和其他平台，通过多渠道发布，扩大短视频的覆盖面，同时也能提高自己在短视频领域的综合竞争力。这种策略不仅能够帮助他们进一步提升影响力，还能够巩固他们在短视频领域的地位。

例如，某运营者在抖音的账号拥有100万粉丝，已经算是一个小有名气的博主了，如图1-37所示。即便如此，该运营者也进行了视频号的运营。

图1-37所示为该运营者在视频号和抖音上发布的短视频，可以看到内容是完全相同的。该运营者就是通过一个短视频多发的方式，进行多个短视频账号运营的。

图 1-37

3. 图文媒体号

图文媒体号涵盖的范围相当广泛，诸如微信公众号、今日头条、一点资讯等，这些以发布图文信息为主的账号，都被归类为图文媒体号。

对图文媒体运营者而言，视频号无疑是一个出色的内容发布平台。视频号允许单次发布最多9张图片，同时它依托的是流量巨大的微信平台。因此，只要发布的图文信息足够优质，就能够迅速吸引大量用户的目光。

以微信公众号运营者为例，他们可以在发布的内容评论中插入微信公众号的链接，如图1-38所示。通过这种方式，视频号运营者不仅能够通过图文信息吸引用户的关注，还能通过内容评论中的链接，有效引导视频号的用户转向关注微信公众号，从而实现跨平台的用户引流和互动。

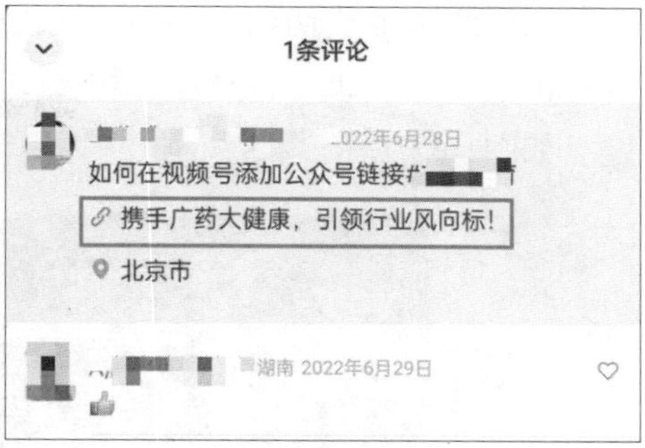

图 1-38

4. 电商和微商号

尽管视频号目前尚未具备像抖音等短视频平台那样的功能，即在发布内容中直接插入商品链接，但它却巧妙地以微信公众号为桥梁，实现了卖货和带货的目标。因此，对电商和微商而言，视频号依然是一个极具潜力的平台。

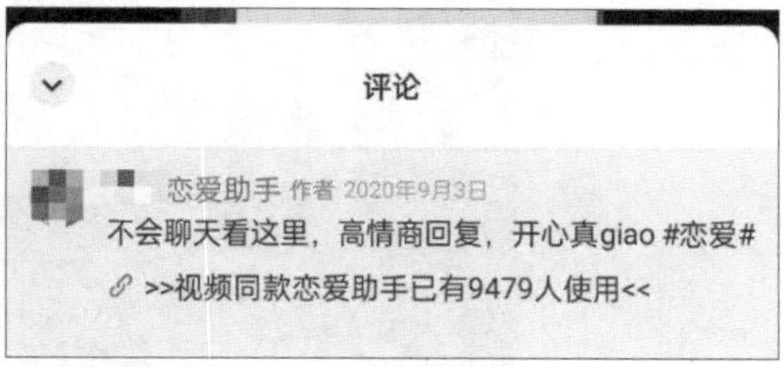

图 1-39

举例来说，某微商在视频号发布的内容评论中嵌入了公众号链接，如图1-39所示。当用户点击这个链接时，他们会被引导至微信公众号的文章界面。在这篇文章中，该微商巧妙地放置了个人微信号的二维码。用户只需长按并识别这个二维码，便能轻松添加微商的微信，如图1-40所示。一旦视频号用户添加了微商的微信，微商就可以通过微信直接向这些用户推销自己的商品。这种巧妙的引流和转化方式，使得视频号成为电商和微商拓展业务、提升销售的新渠道。

图 1-40

5. 培训营销号

对培训机构而言，拥有更多的营销平台总是利大于弊的。视频号是一个流量庞大的平台，且运营成本相对较低，因此在视频号上线初期，许多培训机构便纷纷注册了账号。拥有视频号账号后，这些机构可以发布与自身业务相关的内容，进行有效的营销推广，进而提升知名度。如图1-41所示，某培训机构在视频号上发布的内容便是一个生动的例子。

图 1-41

随着人们在视频号上发布的内容不断增加，培训机构的专业性也会逐渐显现。当这些机构想要销售课程或招收学员时，其展现出的专业性往往能吸引大量用户的关注与兴趣，从而实现更好的营销效果。因此，视频号对培训机构来说，不仅是一个提升知名度的平台，更是一个展示专业性、吸引潜在学员的重要渠道。

1.4.5 视频号的推荐机制是怎样的

视频号是基于微信生态的，相比其他平台多了很多社交属性，因此视频号的推荐机制目前主要有4种。

1. 社交推荐

视频号处于微信社交生态之中，天然具备了社交基础和强大的流量后盾，因此，基于社交的内容推荐机制也成为视频号核心特色推荐机制。

社交推荐其实就是视频号根据用户好友的发布、点赞、关注、评论、转发等行为，为用户优先推荐相关视频（图1-42）。

推荐逻辑类似于公众号的“看一看”功能，用户能在“看一看”中看到好友喜欢的文章。视频号则可以让用户在首页核心入口便看到好友互动过的内容，这就是强社交联系推荐算法的逻辑。

2. 算法推荐

视频号的核心机制是利用私域流量来撬动更广泛的公域流量。当用户的视频被朋友点赞时，系统有可能会将这条视频推荐给朋友的朋友，从而扩大其影响力。因此，视频号运营的关键在于提升视频的点赞量和关注量。系统会在视频发布后的多个时间节点，如3小时、6小时、18小时，以及后续的48小时和72小时进行内容推荐。

图 1-42

以下通过一个具体的例子来说明这一过程。

（1）在发布视频后的第一个24小时内，算法首先会将视频推荐给用户的微信通讯录联系人观看。这些人由于与用户存在直接联系，因此被视为强关系。算法会评估视频的多个指标，包括打开率、观看完成率、点赞数、转发数、收藏数和评论数。如果这些指标表现良好，视频将进入下一轮的推荐。

（2）进入第二个24小时，算法会将表现优秀的视频推荐给用户的二度人脉，即用户朋友的朋友。这些人可能存在于用户微信通讯录联系人的微信通讯录中，或者与用户共同存在于某些微信群中。即使某些人与用户不是直接的好友，但由于共同的社交圈子，他们仍然被视为二度人脉。同样，算法会再次使用与第一个24小时相同的指标来评估视频的表现。

（3）在第三个24小时内，表现持续优秀的视频将被推荐给用户的三度人脉，即用户朋友的朋友的朋友。

（4）这一过程将以此类推，不断扩大视频的受众范围。

通过这种方式，视频号能够有效地利用私域流量来吸引更广泛的公域流量，从而实现内容的广泛传播和影响力的扩大。这就是视频号的算法推荐。

3. 兴趣推荐

微信算法会根据用户在微信群、朋友圈、公众号等微信生态系统的浏览轨迹，提取关键词信息，然后匹配与用户最近关注信息相关的微信视频号内容。

比如，你是一个喜欢美食烹饪的人，关注了很多美食领域的公众号，也经常在朋友圈发布相关的内容，那么视频号就会为你推送美食领域的内容。

4. 同城推荐

微信号能获取用户手机的定位信息，因此视频号也会根据手机定位信息，优先推荐同城内容。基于地理位置服务，可以衍生很多外延的机会，比如线下商家可以通过这一点来提供商业服务。

1.5　界面布局：视频号的基础功能

本节将对视频号的界面布局进行介绍。目前主要包括“推荐”“关注”“朋友”“个人中心”等板块，接下来将逐一进行介绍。

1. “推荐”界面

进入视频号后，看到的是默认的“热门”界面（图1-43）。在此界面，向下滑即可看到其他视频，点击视频画面即可暂停播放。每一条视频作品通常由创作者信息、视频内容本体、视频描述，以及点赞、评论、转发、收藏等交互功能组成。

图 1-43

如果在视频号中刷到了精彩、好玩的视频，要怎样将它们保存起来，以便自己闲时翻看和学习呢？无论是在视频号首页还是视频创作者的主页，都可以对视频进行“点赞”表示喜欢（图1-44），这样不仅可以将自己感兴趣的内容保存起来，还能给视频创作者带来额外的流量。

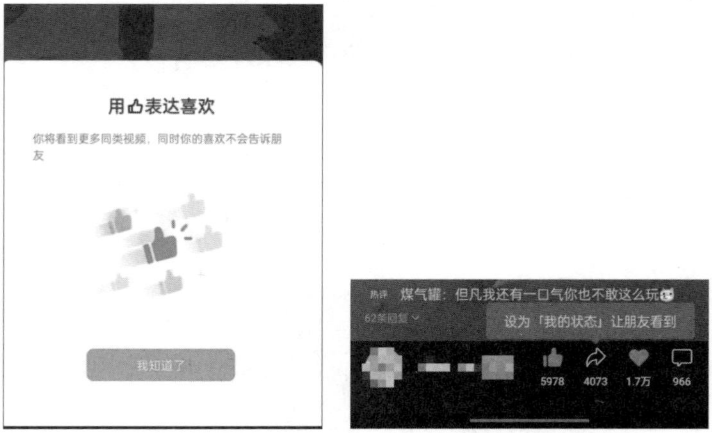

图 1-44

除了点赞，还可以对视频进行评论。微信是一个社交软件，网络社交是最基础的参与，无论是点赞还是评论都是互动的形式。视频号目前不支持私信功能，因此作为核心的交流手段，除了是作者与粉丝、好友之间沟通的桥梁，还是粉丝群体之间的共同社区。

在视频右下角可以看到气泡形状的“评论”按钮，同时可以看到评论的数量，具体如图1-45所示。点击“评论”按钮可以进入评论详情页面，如图1-45所示。

图 1-45

在评论详情页面中，可以滑动查看评论的时间、账号和内容。点击评论右侧的灰色“心形”按钮，可以对评论进行“点赞”，也可以点击头像进入该账号的个人主页。除此之外，还可以在评论详情页底部的评论文本框进行评论的编辑和发布。

除了点赞和评论互动，分享也是表达对视频认同的方式。其一，社交通常是讲究礼尚往来的，不吝啬自己的分享，才能换来同等的尊重和分享；其二，善于分享也可以提高自己的人气。那么，应如何分享视频号的视频呢？点击视频下面的“分享”按钮，可以打开分享面板（图1-46）。在该面板中，可以将视频发送给朋友、分享到朋友圈等。

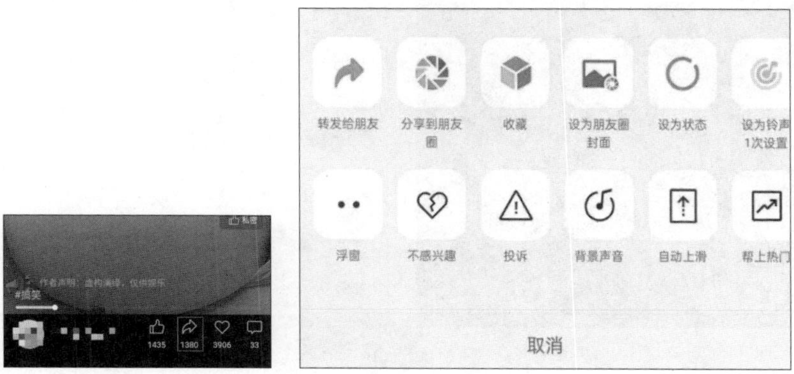

图 1-46

在分享过程中，可以添加想说的话（图1-47）。对于转发至朋友圈的动态，还可以再次进行点赞、评论、转发、分享和删除等。

图 1-47

如今短视频越来越多，大家的审美水平也逐步提高，对自己的喜好定位也越来越精准。在遇到自己喜欢的、感兴趣的内容时，不仅可以点赞、评论、转发，还可以通过关注的方式，了解此人的更多信息，或找到更多的同类视频。

当在视频号界面中刷到喜欢的视频时，点击作者的头像即可进入该作者的视频号首页，点击“关注”按钮即可关注该作者（图1-48）。

图 1-48

2. “关注”界面

在视频号界面中点击“关注”选项，用户关注的所有视频号发布的动态将会在这个界面中呈现（图1-49）。

3. “朋友”界面

在“关注”和“推荐”之间还有“朋友”选项，在该界面中显示的是用户的微信好友点赞的视频（如图1-50）。

4. 搜索框

在视频号界面中还有一个功能——搜索，这是大多数人比较关心的一项，在界面右上角点击类似放大镜的按钮（图1-51），即可进入搜索界面中（图1-52），在搜索栏中输入关键词，可以精准定位自己的观看需求。

图 1-49

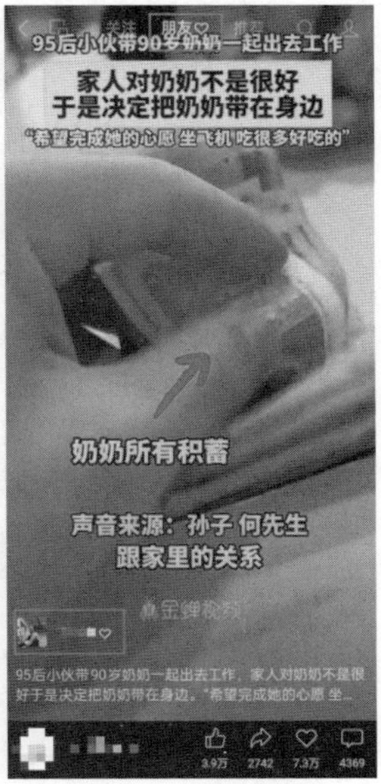

图 1-50

搜索栏的位置并不显眼，甚至很容易被用户忽略，但其实它大有用处。利用搜索栏，用户可以搜到作者及关键词的相关动态。例如，在搜索框内搜索“西红柿鸡蛋”，即可搜索到以“西红柿鸡蛋”命名的视频账号及相关动态（图1-53）。

图 1-51

图 1-52

图 1-53

5. 个人中心

在界面右上角点击图标（图1-54），即可进入个人中心界面。

图 1-54

在“个人中心”界面能查看关注的视频号、互动过的动态及自己的视频号。在“我的视频号”界面，可查看或修改头像、二维码、名字、简介、背景图等内容（图1-55）。

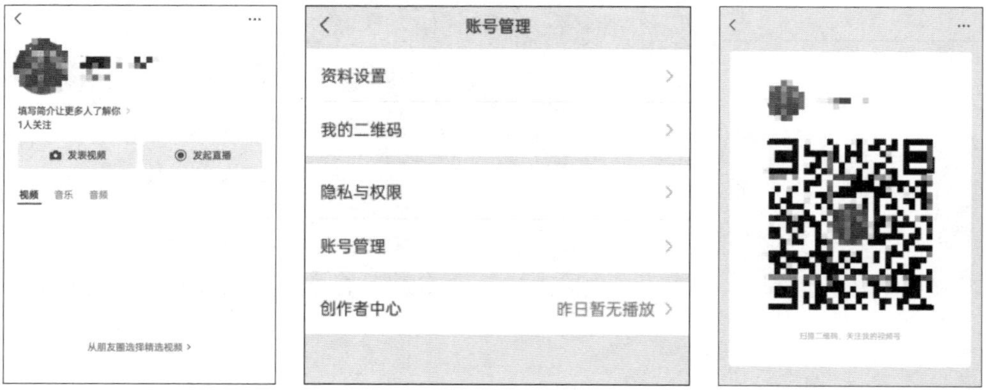

图 1-55

6. 分身框

视频号中的分身框（有时也被称为“画中画”或“分屏”功能）是一种特殊的功能，允许用户在同一视频画面中同时展示多个视频源或内容。在界面的左上方，点击由两个正方形组成的图标即可（图1-56）。具体演示效果如图1-57所示。

图 1-56

图 1-57

1.6 视频号的注意事项

每个平台都有自己的规则，视频号也是如此。因此，在运营视频号的过程中，运营者需要了解该平台的规则。一定要特别注意一些与规则相关的事项，避免违规运营。

1.6.1 违规运营，会被封号

如果运营者违规运营视频号，将会面临被封号的风险（视频号官方的说法是“平台可能会拒绝向该视频号及其使用人提供服务”）。究竟哪些违规行为可能会面临被封号的风险呢?《微信视频号运营规范》第六条进行了大致说明，如图1-58所示。

六、遵守平台要求

6.1 **若腾讯自行发现、收到他人投诉用户的行为或发布的内容不符合本规范或经监管机关依法要求时，腾讯有权在不另行通知的情况下采取减少推荐、删除内容、暂停或终止提供视频号相关服务等处理措施，并有权拒绝向违规账号主体提供服务，如：限制与该主体相关账号功能、封禁与该主体相关账号等，同时，腾讯有权保存相关信息，配合监管机关调查并公告处理结果。若用户对腾讯的处理有异议，可按照页面指引发起异议申请或申诉。**

6.2 视频号可以进行认证，认证主体同意认证即视为同意遵守《微信视频号运营规范》和《视频号认证服务条款》，认证后该视频号视为认证主体使用，相关权利义务由该认证主体承担。视频号的认证主体应对视频号的管理员和运营者进行管理，并对他们的行为承担责任。未进行认证的视频号，由创建时的微信账号主体承担该视频号的相关权利义务。

6.3 如果平台发现并有合理理由判断你的账号名称、头像、简介、背景图片、背景音乐以及发布的内容、评论存在较高的侵权可能性（比如信息带有权利标识但缺乏授权、内容来源明显不当），可能会自动限制该部分信息的传播。

6.4 发布以下内容，应进行显著地标识，避免对其他用户造成误导混淆，如：利用新技术（如虚拟现实、深度学习）生成或合成的非真实的音视频内容；发布剧情演绎等虚构的内容（如通过剧情演绎方式创作、发布虚构内容）。对以上内容未进行显著标识，且刻意利用此类音视频内容（如虚假摆拍）获取流量进行不当营销的账号，将从严处罚。

6.5 你使用视频号过程中上传、发布的全部内容，均不会因为上传、发布行为发生知识产权、肖像权等权利的转移。**与此同时，你理解并同意平台为实现产品目的，会对你的内容进行使用，包括但不限于允许微信个人账号用户予以分享、转发、收藏、在微信相关功能中予以引用或展示（如音乐视频、语音通话、状态等），允许微信公众账号（简称“公众号”）、企业微信账号予以引用或展示，出于为你宣传或介绍功能等目的以一定的方式在腾讯集团相关产品或外部渠道推广你的内容或素材。部分场景你可以自行设置是否允许引用或展示。带有侵权素材的内容，不允许上传、发布，平台一经发现将有权立即停止、限制对其的推广或传播。为避免疑义，你理解并同意，前述使用的范围包括使用你的头像、昵称、你拥有或被授权使用并展示在内容中的肖像、姓名、商标、名称、标识、音乐以及任何其他品牌、营销或推广素材等内容。**

6.6 我们重视对未成年人个人信息及隐私的保护。**我们特别提醒你谨慎发布包含未成年人素材的内容。你应当取得权利人同意展示未成年人的姓名、肖像、声音、行为等个人信息，且允许我们依据相关协议及规则使用、处理该等与未成年人相关的内容。若我们自行发现或根据相关部门的信息、权利人的投诉等发现用户可能存在侵犯未成年人合法权益情形的，我们有权不经通知随时对相关内容进行删除、屏蔽，并视行为情节对违规主体相关账号处以包括但不限于警告、限制或禁止使用部分或全部功能、账号封禁直至注销、回收账号的处罚，并公告处理结果。**

图 1-58

在该规范的第四条和第五条中列出了可能会进行封号处罚的违规行为。第四条列出了恶意使用视频号的一些运营行为；第五条对传播不良信息的一些运营行为进行了说明。如果运营者在运营的过程中传播不良信息，同样可能面临被封号的风险。图1-59所示为《微信视频号运营规范》第五条的具体内容。

五、不得传播不良信息

我们希望让用户在视频号上看到真实、安全的内容。真实与安全，有助于更优质的分享。在使用视频号服务过程中，如发现涉诈违法犯罪线索、风险信息的，腾讯有权依照国家有关规定，根据涉诈风险类型、程度情况移送公安、金融、电信、网信等有权部门。传播不良信息的行为一经发现，腾讯将根据违规情况对视频号及微信号采取相应的处理措施，并有权拒绝向违规账号主体提供服务。

平台禁止传播以下不良信息：

5.1 国家法律法规禁止的内容

5.1.1 违反宪法确定的基本原则的；

5.1.2 危害国家安全，泄露国家秘密，颠覆国家政权，破坏国家统一的；

5.1.3 损害国家荣誉和利益的；

5.1.4 煽动民族仇恨、民族歧视，破坏民族团结的；

5.1.5 破坏国家宗教政策，宣扬邪教和封建迷信的；

5.1.6 散布不实信息，扰乱社会秩序，破坏社会稳定的；

5.1.7 散布淫秽、色情、赌博、暴力、恐怖或者教唆犯罪的；

5.1.8 侮辱或者诽谤他人，侵害他人合法权益的；

5.1.9 煽动非法集会、结社、游行、示威、聚众扰乱社会秩序；

5.1.10 以非法民间组织名义活动的；

5.1.11 含有法律、行政法规禁止的其他内容的。

图 1-59

运营者在运营视频号的过程中，一定要遵守《微信视频号运营规范》。特别是该规范中第四条、第五条列出的行为，在运营视频号的过程中千万不要轻易去触碰。

1.6.2 侵权内容，会被限流

无论是哪个平台，都不鼓励侵权。如果视频号的相关内容存在侵权问题，那么相关内容会被限流，甚至直接被限制传播。《微信视频号运营规范》第六条第3点对侵权限流的相关内容进行了说明，如图1-60所示。

6.3 如果平台发现并有合理理由判断你的账号名称、头像、简介、背景图片、背景音乐以及发布的内容、评论存在较高的侵权可能性（比如信息带有权利标识但缺乏授权、内容来源明显不当），可能会自动限制该部分信息的传播。

图 1-60

1.6.3 诱导分享，会被处罚

视频号禁止诱导分享，如果视频号发布的内容包含诱导分享的信息，那么相关账号将会受到相应处罚。

具体来说，在视频号平台诱导用户可分为两种：一是诱导用户进行分享、关注、点赞和评论；二是胁迫、煽动用户分享、关注、点赞和评论，具体内容可见《微信视频号运营规范》第四条第4点，如图1-61所示。

4.4 诱导用户

4.4.1 利诱用户进行分享、关注、点赞和评论。比如以某种奖励进行诱导，包括但不限于：邀请好友拆礼盒，集赞，分享可增加一次抽奖机会等。

4.4.2 胁迫、煽动用户分享、关注、点赞和评论。比如用夸张、诅咒性质言语来胁迫、引诱用户分享，包括但不限于使用这些用语："不点赞全家死光光"、"不点赞不是中国人"等。

4.4.3 诱导未成年人应援消费。

4.4.4 发表内容中包含煽动性的交友内容，诱导用户联系、互动。

例：亲爱的哥哥你在哪里，寂寞的妹妹很想你。

图 1-61

1.6.4　内容质量，决定权重

在视频号中，每个账号获得的权重不尽相同。视频号平台会根据账号的权重对账号发布的内容进行推送。权重越高的账号，获得的推送量越多。因此，视频号运营者要在运营账号的过程中，将账号权重的提高作为重点工作来抓。在微信视频号中，决定账号权重的直接因素就是账号发布内容的质量，因此视频号运营者一定要保证内容的整体质量。

具体来说，视频号内容的质量可以从两方面进行把握。一是内容的画面质量，也就是画面的观赏度，最基本的要求就是画面要足够清晰。二是用户对内容的反馈。也就是发布内容之后，通过完播率、评论量和点赞量等数据对用户对内容的感兴趣程度进行评判。通常来说，这些数据的数值越高，代表用户对内容的反馈越好。

图1-62所示为某视频号发布的一条短视频。可以看到，该短视频的点赞量达到了3290个，评论量达到了146条。从这些数据来看，这条短视频的用户反馈是比较好的。

图 1-62

1.7 视频号和公众号的互联互通

视频号和公众号的互联互通让创作者能够更方便地实现双向引流和用户转化。本节将探讨如何通过互相转化，最大化发挥两者的协同效应。

1.7.1 如何绑定视频号和公众号

在实现视频号与公众号互联互通之前，首先需要完成两者的绑定操作。这是实现内容联动和流量互通的关键前提。只有成功绑定视频号与公众号，才能进一步开展互通功能。以下是具体的绑定操作步骤。

提示：在绑定视频号和公众号前，需确保视频号与公众号为同一主体（如同一个人、企业或组织），只有满足这一条件才能成功绑定。

01 打开微信界面，在“我”界面中找到“视频号”按钮，如图1-63所示，点击并进入视频号界面。

02 点击界面右上方的“...”进入个人设置界面，如图1-64所示。

图 1-63

图 1-64

03 点击“账号安全与绑定”界面中的“公众号”选项，如图1-65所示，即可进入“绑定公众号”界面，如图1-66所示。

04 点击“去绑定”按钮，进入管理公众号界面，点击相应的公众号，如图1-67所示，进入绑定界面，点击“绑定”按钮即可完成绑定，如图1-68所示。

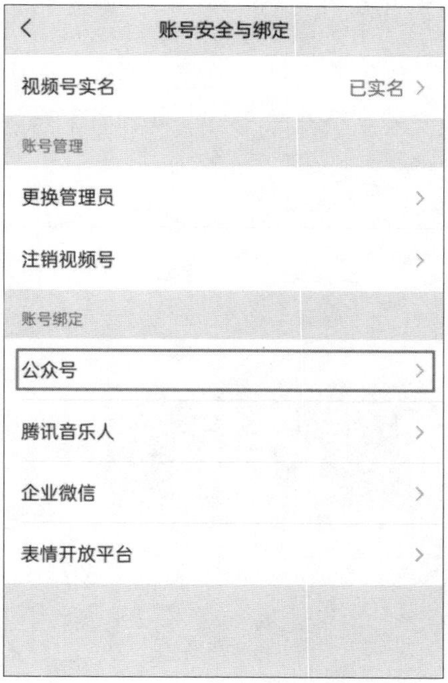

图 1-65

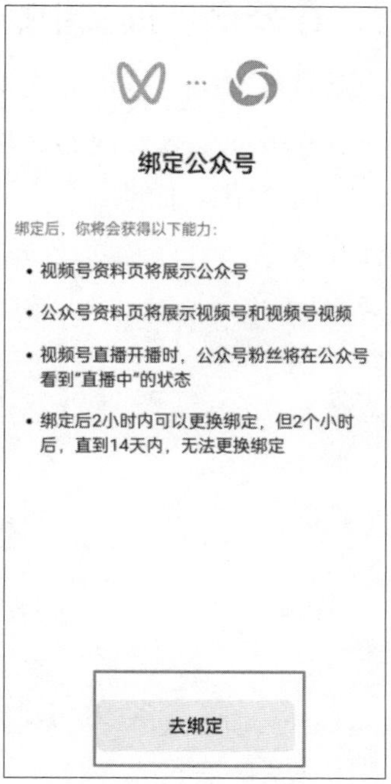

图 1-66

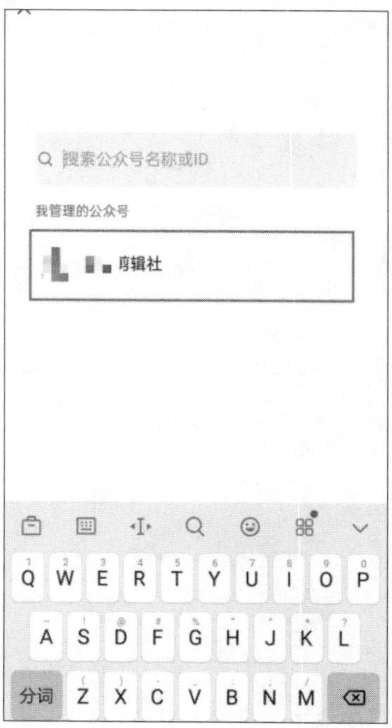

图 1-67

图 1-68

1.7.2 在公众号推文中插入视频号动态

在公众号推文中巧妙地嵌入视频号动态，借助图文结合的丰富形式，吸引观者点击观看并关注视频号内容，从而有效地实现从公众号平台向视频号平台的精准引流，下面介绍详细的操作步骤。

01 打开公众号后台，依次单击界面左侧菜单栏中的“内容管理”|“草稿箱”选项，如图1-69所示。

图 1-69

02 将鼠标指针移动至“新的创作”按钮上方，选择“写新文章”选项，如图1-70所示，即可进入创作界面。

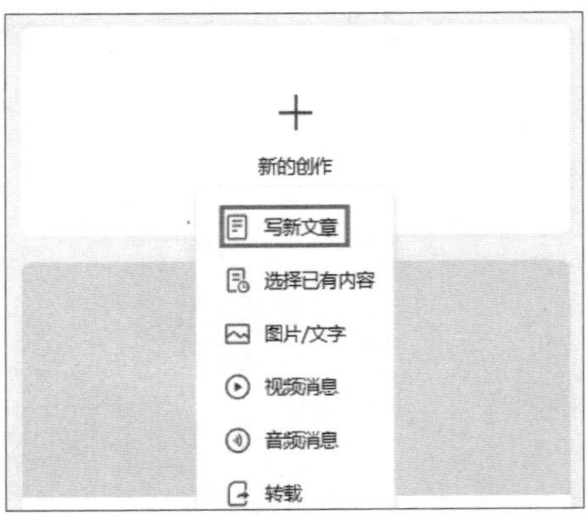

图 1-70

03 找到并单击界面上方推文排版界面工具栏中的“视频号”按钮，如图1-71所示，即可选择插入视频号动态。

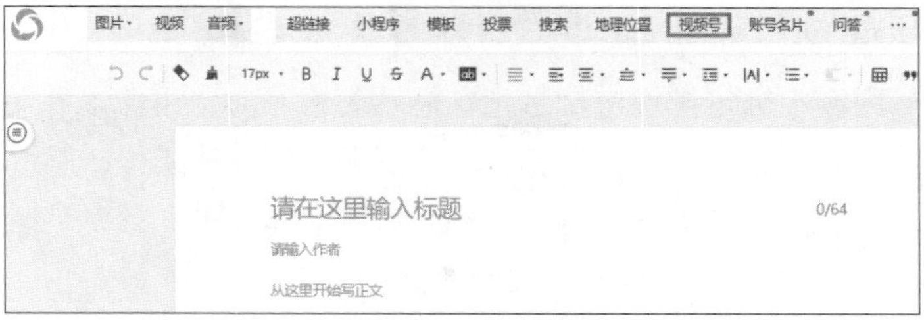

图 1-71

04 执行操作后，在搜索框内搜索需要添加内容的视频号（也可以是其他主体的视频号），如图1-72所示。

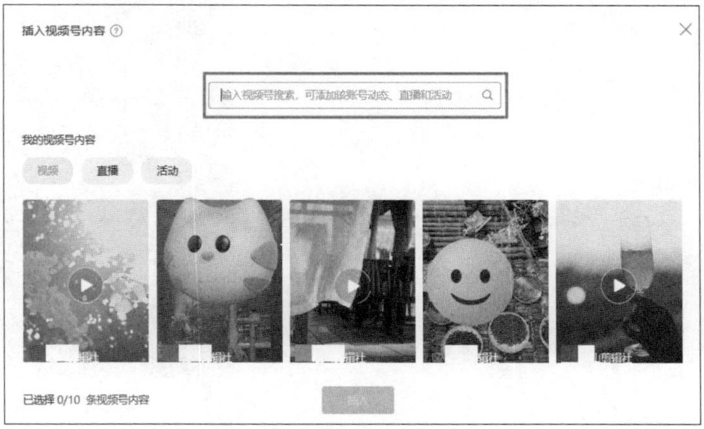

图 1-72

05 执行操作后，勾选需要插入的内容，单击“插入”按钮即可，如图1-73所示。

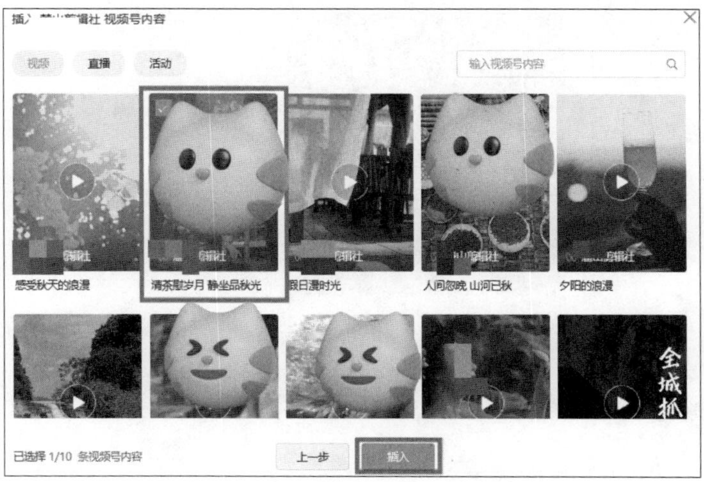

图 1-73

1.7.3 在视频号内容中绑定公众号扩展链接

在视频号内容中绑定扩展链接是指在展示短视频时，可添加相关链接作为视频内容的图文补充，尤其适合教程类的容。下面介绍具体操作步骤。

01 打开视频号，点击“发表视频”按钮，如图1-74所示，添加一段需要发布的视频内容并单击“下一步”按钮，如图1-75所示。

图 1-74

图 1-75

02 执行操作后进入视频发布页面，依次点击“链接”|“公众号文章”按钮，如图1-76所示，粘贴公众号文章即可完成绑定公众号扩展链接，如图1-77所示。

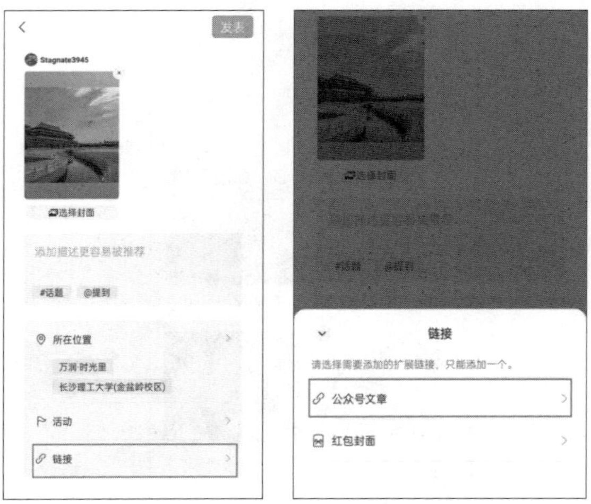

图 1-76

图 1-77

1.7.4　视频号和公众号联合运营

视频号和公众号虽然在形式和功能上有所不同，但通过联合运营，能够实现1+1>2的效果。视频号以短视频的形式吸引用户的注意力，公众号则利用深度内容建立信任，两者结合能够全面覆盖用户的内容需求，扩大传播的影响力。以下将从内容互补、互相引流、主题统一、联合推广和互动协作5个方面，详细阐述视频号与公众号联合运营的策略与方法。

1. 内容互补

视频号和公众号在内容表现形式上具有显著的差异。视频号以短视频为主，具有直观、生动的特点，而公众号则以文字内容为主，擅长深度分析和详细阐述。两者结合，可以通过内容的互补实现更全面的传播效果。

具体来说，短视频吸引用户眼球，文字内容加深用户的理解。视频号可以快速吸引用户的注意力，比如通过短视频展示产品的使用场景、客户反馈或活动现场，而公众号则可以进一步分析产品的技术优势、使用方法和背景故事。

2. 互相引流

通过视频号和公众号的联动，可以实现双向引流，扩大用户覆盖面。

利用视频号引流至公众号：在视频号的简介、评论区、置顶留言中添加公众号信息，引导用户关注公众号，获取更全面的内容。例如，视频号发布产品演示视频，并置顶留言“更多使用技巧，请关注我们的公众号”。

利用公众号引流至视频号：在公众号文章中嵌入视频号的链接或二维码，吸引读者观看相关短视频内容。例如，在公众号文章结尾处写“想了解更多细节，请扫描二维码观看视频号”。

这种引流方式充分利用了两种平台的用户群体特性，既能通过视频号获取即时关注，又能通过公众号实现深度内容沉淀。

3. 主题统一

为了确保品牌形象的一致性，视频号和公众号的内容主题需要保持统一。只有内容风格、形式、表达一致，才能建立用户对品牌的清晰认知。

统一内容方向：视频号和公众号的内容方向应该一致。例如，如果一个账号的主题是“亲子教育”，那么视频号可以分享亲子游戏、育儿方法等动态内容，而公众号则发布育儿知识、心理学分析等深度文章，两者共同服务于“亲子教育”这个主题。

统一品牌形象：在视频号和公众号中统一使用相同的视觉元素（如LOGO、配色、字体）和表达风格，让用户对品牌形成深刻记忆。

4. 联合推广

视频号和公众号联合运营的另一个重要方向是活动的联合推广。通过两种平台协作，可以有效提高活动的覆盖面和用户参与度。

双平台同步宣传：在举办活动时，视频号可以发布预告视频或直播活动现场，吸引即时关注；公众号则可以发布活动规则、优惠信息等，吸引深度用户参与。

案例：某教育机构推广一门线上课程，在视频号发布动态视频展示课程亮点，在公众号发布详细的课程介绍和优惠报名信息。两种形式相辅相成，既能快速吸引流量，又能提供深度解读，提升用户转化率。

5. 互动协作

互动是用户运营的重要环节，通过视频号和公众号的协同互动，可以加强用户参与感和黏性。

视频号与公众号的用户反馈联动：公众号可以通过推文向用户征集对视频内容的建议，再将用户反馈融入视频号的内容创作中。

话题互动引流：可以在视频号发起话题活动，吸引用户到公众号留言讨论；在公众号则可以通过征文或留言征集活动引导用户到视频号参与互动。例如，视频号发布一条“晒出你的旅行精彩瞬间”的短视频，引导用户到公众号留言，再在公众号将精选内容反馈到视频号，形成互动闭环。

第2章

账号定位：找准定位才能事半功倍

随着互联网的迅猛发展，视频号已成为现代人们展现自我、分享生活、秀出才华的重要舞台。然而，成功的视频号并非一蹴而就的，背后往往蕴含着精准且明确的定位。本章将围绕“找准定位，才能事半功倍”这一主题，深入剖析如何在众多视频号中找准自己的定位，并通过这一定位提升内容质量与影响力，从而实现视频号的快速成长与广泛传播。

2.1 账号定位：从认知到精准定义

微信视频号定位是指创作者根据自己的优势、目标受众需求及内容方向，明确账号的风格、主题和独特价值，从而在平台上建立鲜明的账号形象。定位的准确性决定了内容的吸引力、粉丝的精准性及账号长期发展的潜力。

2.1.1 账号定位的必要性

在新媒体环境中，特别是在微信视频号、短视频平台等流量密集型领域，账号定位是建立竞争优势的关键一步。明确的定位不仅能帮助创作者明确方向，还能提升内容的吸引力和传播效果。下面从多个角度详细说明账号定位的必要性。

1. 构建鲜明形象，增加辨识度

明确的账号定位可以帮助用户快速了解你是谁、能提供什么价值。

（1）提升记忆点：在海量内容中，一个拥有清晰主题和风格的账号更容易被记住。

（2）增强品牌力：对个人或企业来说，明确的定位有助于建立独特的品牌形象。

（3）减少认知负担：精准定位让观众无须花费时间探索，可以一眼了解账号价值。

示例：一个专注分享旅游小贴士的账号，通过定位为“穷游攻略专家”，赢得了预算有限但爱旅游人群的青睐，如图2-1所示。

图 2-1

2. 明确目标用户，提高关注率

没有明确的账号定位，内容会过于杂乱，难以吸引目标用户。

（1）精准吸粉：清晰的定位能吸引特定兴趣的用户，提高粉丝的质量和黏性。

（2）匹配用户需求：明确的定位，可以使账号的内容更有针对性，满足用户痛点。

（3）减少内容浪费：避免无效流量，把资源集中在最有价值的受众群体。

示例：一个职场心理学账号通过定位“新手职场生存指南”，精准锁定初入职场的年轻用户，获得了大量关注，如图2-2所示。

图 2-2

3. 提供内容创作方向，提升效率

账号定位是一种明确的创作指南，帮助创作者少走弯路。

（1）降低试错成本：有了明确的定位，创作内容时更有方向感，减少偏离主题的尝试。

（2）增强一致性：用户在账号中能找到连续性内容，从而形成长期关注。

（3）优化内容规划：清晰的定位能让内容形成系列化和梯度式输出，提高用户体验。

示例：一个美食账号定位为“在家简单做大餐”，所有内容都围绕此主题展开，避免杂乱无章，提高了粉丝黏性，如图2-3所示。

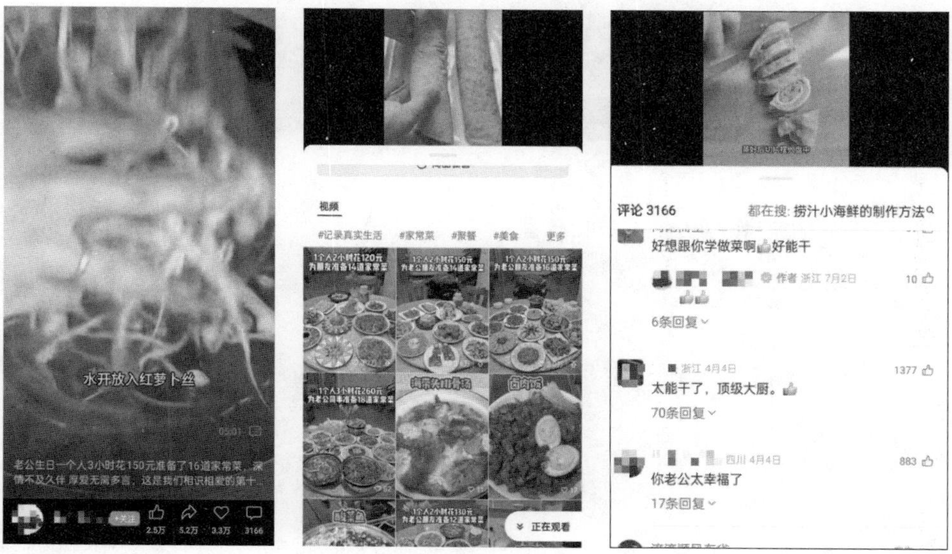

图 2-3

4. 突破竞争，从同质化内容中脱颖而出

在当下内容过剩的情况下，同类主题竞争非常激烈，定位明确的账号更容易脱颖而出。

（1）差异化竞争：通过精准定位和细分领域，减少直接竞争，找到独特的市场空白。

（2）形成独特优势：不同的定位策略可以体现账号的个性化特点，吸引特定人群。

示例：与普通健身号不同，一个账号专注于“适合女性的高效减脂课程”，实现了更高的用户转化率，如图2-4所示。

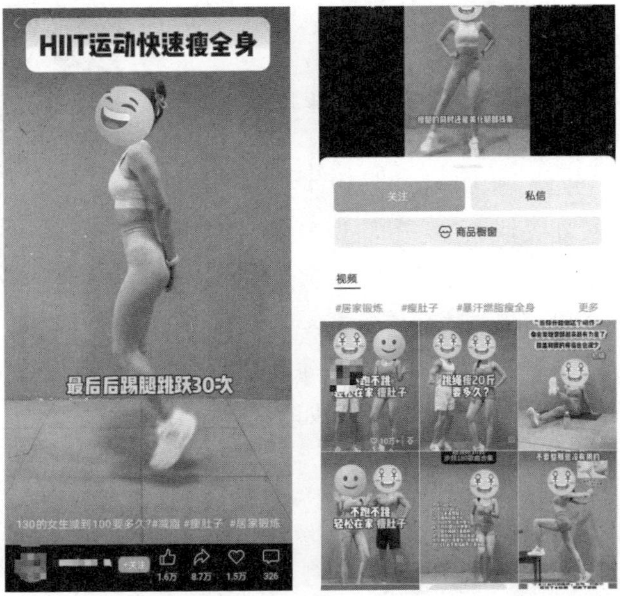

图 2-4

5. 增强互动性，提升粉丝黏性

明确定位可以让用户感受到账号的专业性和可信赖性，从而主动参与内容互动。

（1）强化信任关系：清晰的账号定位让用户更容易感受到内容的专业性和创作者的真诚。

（2）鼓励用户参与：定位明确的账号更吸引用户讨论与主题相关的问题，从而形成互动循环。

（3）构建忠实社群：精准定位使得粉丝群体更加集中，更容易建立活跃的粉丝社群。

示例：一个以“生活实用小妙招”为定位的账号，不仅传播了知识，还吸引了大量志同道合的粉丝形成互动圈，如图2-5所示。

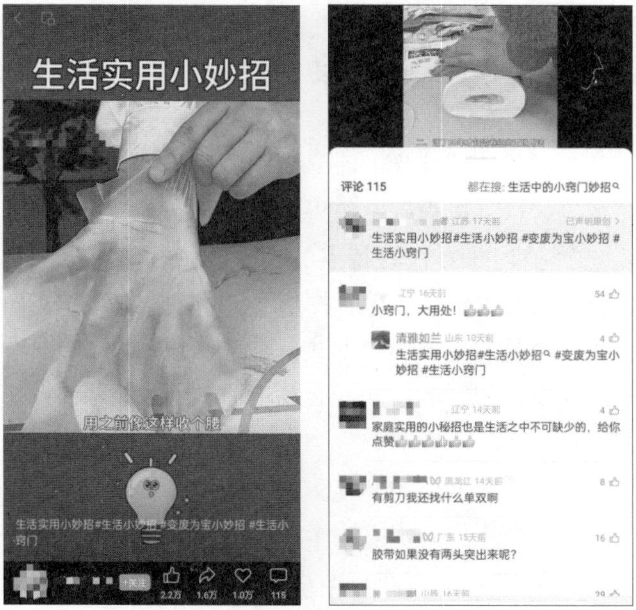

图 2-5

6. 支持长期发展，强化品牌影响力

精准定位是打造长期可持续发展的关键。

（1）积累内容资产：围绕明确的定位输出的内容，可以成为账号的核心资产。

（2）增强用户黏性：随着内容积累和深耕，粉丝对账号的忠诚度会逐渐提升。

（3）为商业化打基础：企业账号或个人品牌通过定位明确的账号更容易实现变现。

示例：一个主打“本地美食探店”的账号，随着粉丝增长，逐步扩大为美食活动组织者，获得了更多商业合作机会，如图2-6所示。

图 2-6

2.1.2 账号定位的全流程指引

账号定位的全流程指引可以归纳为以下几个步骤。

1. 明确账号定位

账号分类：首先，需要明确你的账号属于哪个类别，如美食、旅行、美妆、音乐、电影、体育等，这可以根据你的兴趣和专长来选择。

账号标签：选择描述账号核心特点的词汇作为标签，以吸引目标受众的关注。例如，美食类账号可以选择“美食探店”“家常菜烹饪”等标签。

内容定位：决定账号的主要内容形式，是讲知识、做才艺表演、展示产品还是其他。选择一个你擅长的领域，并专心致志地做下去。

2. 人设定位

人设基础信息：包括昵称、简介、头像等，这些信息要围绕定位服务，以帮助账号树立人设，加强在用户心中的印象。

人设情感圈、职场圈、生活圈：通过分享与定位相关的个人经历、情感故事、职场经验等，让人设更加立体和真实。

IP内核价值：明确你的人设能给用户带来什么价值，是娱乐、知识还是其他方面的满足。

3. 内容定位

内容形式：决定你的内容将以何种形式呈现，如口播、情景剧、图文、Vlog等。选择最适合你的形式，让内容更吸引人。

记忆点：创造一些标志性的语言、动作、背景音乐等作为记忆点，让观众更容易记住你。

内容质量：确保内容有质量、有深度、有创新性。通过独特的视角和深入的分析来创作出有深度的内容。

4. 目标用户分析

用户画像：分析目标用户群体的年龄、性别、所在城市、兴趣爱好等特征，以便更有针对性地准备内容。

用户需求：了解目标用户的需求和痛点，提供他们感兴趣且有价值的内容。

5. 账号搭建与认证

账号创建：在微信中进入视频号界面，按照提示填写个人信息并完成注册。

账号美化：设置头像、背景图、封面图等，以符合账号定位的风格。

账号认证：根据个人或企业情况选择合适的认证类型，如个人认证、职业认证或企业认证等。认证可以提高账号的专业程度和可信赖程度。

6. 持续输出与优化

持续输出：保持内容的持续输出，定期发布与定位相关的优质内容。

数据分析：关注账号的数据表现，如播放量、点赞量、评论量等，以了解观众对内容的反馈。

优化调整：根据数据分析结果和观众反馈，不断优化内容形式、呈现方式等，以提高内容的质量和观众满意度。

7. 推广与引流

社交推广：利用微信等社交平台分享你的视频号内容，吸引更多的潜在观众。

合作引流：与其他博主或品牌进行合作，通过互相推广或联合活动等方式吸引更多粉丝。

付费推广：考虑使用微信视频号的付费推广功能，以扩大内容的曝光范围。

2.2　精准定位：从 5 个维度入手

明确账号定位的关键价值与重要性无须多言。对内容创作者或运营者来说，在着手设计账号定位之际，应围绕五大核心要素进行深思熟虑，它们分别是：所处行业领域、内容创作方向、目标受众群体、关联产品服务，以及个人或品牌形象的构建。通过综合考量这些方面，创作者能够更加精确地规划账号的成长路径，从而提升内容的相关性和吸引力，为账号的长远发展与成功构建稳固的基石。

2.2.1　行业维度：精准选择细分领域

行业定位的核心在于明确分享的行业或领域的内容。对运营者而言，行业定位不仅仅是选择一个行业，更是要确定在这个行业中分享哪些具体的内容。通常运营者会选择自己熟悉和擅长的领域进行定位，这样不仅能够展现出专业的知识，还能够增加与受众的互动和共鸣。

然而，某些行业可能内容广泛，且已有众多账号在视频号平台上分享相关内容。在这种情况下，运营者可以通过细分行业来寻找突破口。例如，化妆行业虽然竞争激烈，但运营者可以专注于某一细分领域，如口红推荐、化妆技巧等，以形成独特的账号特色。

以知名旅行博主“房琪kiki”为例，她成功地将自己定位为专注于旅行分享的博主，并通过深入研究和分享旅行目的地的风土人情、旅游攻略、美食探索等内容，吸引了大量粉丝的关注。同时，她还结合粉丝的兴趣，分享其他与旅行生活方式相关的内容，如旅行穿搭、摄影技巧等，进一步扩大了受众群体。这种通过细分领域打造账号的策略，不仅使她在竞争激烈的旅游领域中脱颖而出，还为她赢得了极高的知名度和影响力，如图2-7所示。

又比如，随着摄影日益成为一项备受欢迎的爱好，其分支领域也愈发多样化，为短视频制作提供了取之不尽的灵感与素材。以“×××摄影”这一账号为例，其运营者在视频号平台上频繁发布视频，专门围绕手机摄影技巧展开分享。图2-8展示的就是视频号“×××摄影”所发布的手机摄影技巧短视频。

图 2-7

图 2-8

深度内容在账号定位中的重要性不言而喻，它直接关系到视频号能否实现长远发展。因此，内容创作者必须深刻认识到，要想制作出高质量的原创视频，必须紧紧抓住两大核心要素：精准的垂直定位与有深度的内容创作。一旦运营者清晰界定了账号的定位，就等同于为内容创作指明了方向，这将最大限度地消除迷茫与困惑。同时，结合个人所在行业及专业领域，运营者还能进一步细化定位，挖掘出真正具有个人特色与深度的内容，从而确保视频号独树一帜，充满吸引力。

2.2.2 用户维度，标注用户精确营销

在运营视频号的实践中，精确识别并锁定目标受众是迈向成功的关键一步。在着手进行平台用户定位之初，运营者应当深入探究平台主要面向哪些用户群

体，以及这些群体所独有的特征属性。这一过程需依托平台数据分析与市场调研的坚实基础，以助力运营者勾勒出鲜明的用户形象轮廓。

明确目标用户的根本目的在于，使内容创作与发布能够更加有的放矢，从而有效吸引并稳固目标用户群体，促进互动与关注度的显著提升。为达成此目标，运营者需对用户特征进行细致入微的剖析，通常可将用户划分为两大类（图2-9）。

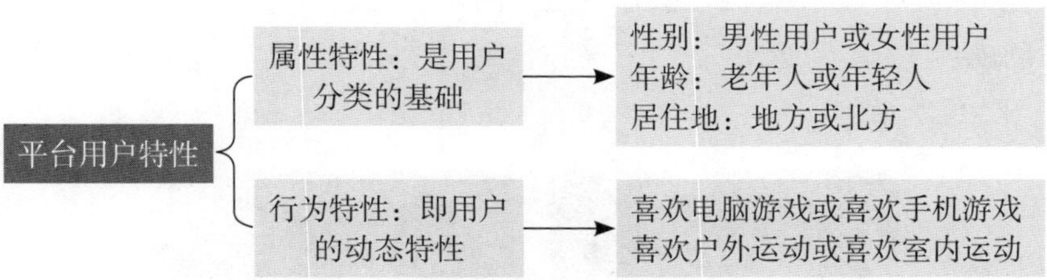

图 2-9

这种细分有助于运营者更加精准地满足用户需求，提升用户体验，进而增强账号的吸引力和影响力。

在充分理解用户特性的基础上，运营者接下来的任务是进行用户定位。用户定位的全过程通常包含3个关键步骤。

1. 收集数据

收集数据是一项涉及多方面的工作，而市场调研则是其中尤为普遍且成效显著的一种手段。借助市场调研，运营者能够有条不紊地收集并整合平台用户的相关信息。这些信息不仅囊括了用户的基础资料，例如年龄层次、收入状况及地域分布，还深入触及了用户的行为倾向与消费模式。通过将这些数据与用户的固有属性相融合，运营者能够更深入地剖析并把握用户的特性与需求。为直观展现用户的基本属性特征，运营者还可将这些数据转化为形象的图表，为构建精准的用户画像提供坚实有力的支撑。图2-10所示为某产品的用户年龄段。

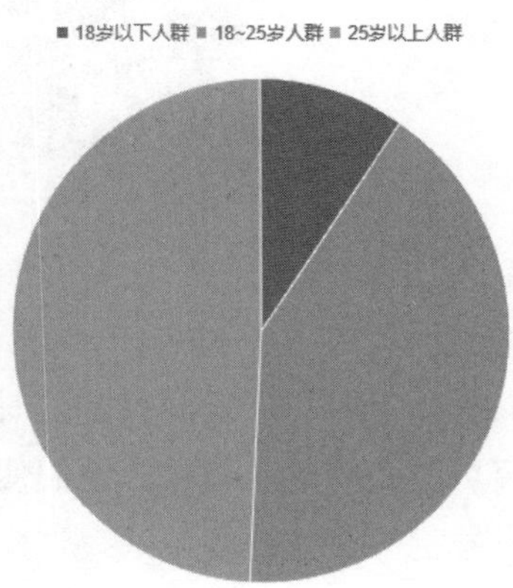

图 2-10

2. 标注用户

运营者获取了用户的基本数据和属性特征后，就可以进行简单分类，并进一步对用户进行标注，确定用户的购买欲和活跃度等，以便在接下来的确定用户画像的过程中将他们对号入座。

3. 完成用户画像

运营者可以利用上述内容中的用户属性标注，从中抽取典型特征，完成用户的虚拟画像，在此基础上更好地做出有针对性的运营策划并实现精准营销。

2.2.3 内容维度：紧密围绕行业核心

首先分析一个具体案例。某个视频号的账号定位于玉雕作品的展示。因此，其发布的内容主要以玉雕的制作为核心，突出了账号在这一领域的专业性和独特性，如图2-11所示。

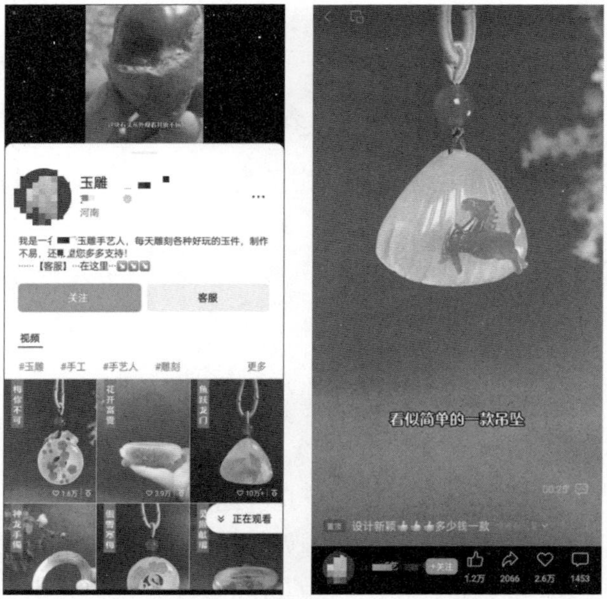

图 2-11

从上述案例可见，内容定位于视频号而言，是确立账号内容方向的核心步骤。运营者在确定内容定位时，通常会结合账号的整体定位，明确需要发布的内容类型和风格。随后，他们便围绕这一方向进行内容创作，确保所发布的内容与账号定位保持高度一致。这样不仅能够提升内容的针对性和吸引力，还有助于塑造账号的专业形象和增强用户黏性。

2.2.4 产品维度，考虑货源有啥卖啥

许多运营者创建视频号的主要目的，在于追求盈利，而产品销售则是达成这一目标的关键手段。因此，在整个运营策略规划中，产品定位占据了举足轻重的

地位。那么，我们应当如何进行产品定位呢？

从货源的角度出发，产品定位主要可分为两大策略。

第一种策略是围绕现有货源来确定产品定位。这就要求运营者必须对自身掌握的产品资源进行全面而细致的评估，精准识别出哪些产品具备畅销的潜力，并将这些产品置于营销策略的核心位置。举例来说，如果一位运营者手头拥有多种水果的供货渠道，那么他就可以将自己的视频号明确定位为水果销售平台，并通过起名为“××鲜果”，以及发布水果展示视频等方式，来强化这一特色主题。如图2-12所示，即为该视频号所发布的内容示例。

第二种策略则适用于那些没有直接货源的运营者。在这种情况下，运营者可以依据自身的业务范围或专业技能来完成产品定位。这种策略需要运营者对自己的核心竞争力和市场需求有深入的了解，以便找到能够契合用户需求的产品或服务，进而围绕这些产品或服务展开内容创作和营销推广。

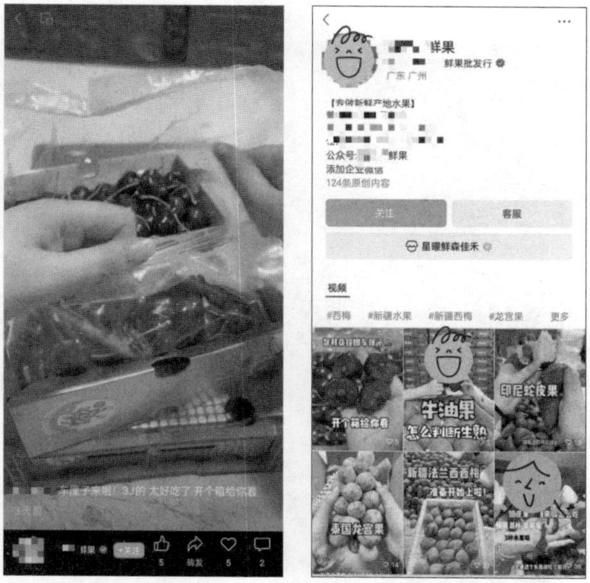

图 2-12

无论采用哪种策略，其核心要义都在于确保产品定位与货源或业务能力之间能够紧密对接，并且必须充分满足目标受众的实际需求。唯有如此，才能确保运营者能够顺利实现盈利目标。

2.2.5　人设维度：精准打造个人标签

确定好账号定位之后，视频运营者还需要给自己定位一个人设。视频号数量庞大，并不是每一个账号都能够被用户看到并持续关注。本节将详细介绍视频号运营者应如何给自己确定人设，使自己在众多视频号中脱颖而出。

1. 了解人设定位的重要性

仔细观察各领域的短视频达人，很容易发现一个共同点：他们都有属于自己的人设。那么什么是人设呢？人设即人物设定的简称，也就是在用户面前所展示的形象，包括外貌特征和内在的个性特点。

什么是好的人设？一个能够让人印象深刻、记得住并说得清的积极人设就是一个好人设。如果你的视频号和你的形象能够被用户认可，并在日常生活中向身边的朋友说起，就成功一大半了。

举个例子。视频号中的某生活博主是一个暖心、负责的爸爸，他的视频号中记录着他们一家的生活日常。生活博主那么多，以日常生活作为主要内容的也不少，但这个账号的点赞率为什么更高呢？因为他会通过一些日常小事、走心的语言将对生活的感悟和家庭观传达给粉丝，避免单一、无聊的日常生活内容，如图2-13所示。

再如，某情感自媒体视频号中的情侣系列视频既甜蜜又搞笑，在抖音、视频号、微博等平台都吸引了不少粉丝，如图2-14所示。

图 2-13

图 2-14

2. 普通人如何正确打造人设

了解了塑造人设的作用之后，再来看看作为一个普通人应该怎样选择及确定自己的人设。每个视频创作者身上都有自己的亮点，因此只需找到自己的亮点，就会吸引到一批粉丝。因此找到自己的优点、特长是确定人设的前提。打造人设确定以下5个基本要素即可。

（1）形象或个性

人们在认识一个人时，第一印象就是由其形象开始的，比如外貌、特征、穿着、造型等方面都能够给用户留下记忆。如某舞蹈博主的特点就是她穿着萝莉装跳机器舞，基本上在每一个作品中都会看到形象的机器舞，这个特点让大家提起她时就会想到这是一个舞蹈博主，如图2-15所示。

由此可见，当视频号运营者具有专属于自己的特点时，就能给用户留下印象。除了标志性特点，独特的造型、有特色的着装等，都可以帮助运营者树立人设。

（2）兴趣爱好

视频号运营者在塑造人设的时候，一定要选择自己感兴趣的方向，并且要有一定的经验，这样才能持续输出内容。例如，某生活博主平时喜欢带着孩子做手工，因此她的人设就是“喜欢和孩子做手工的妈妈”。她入驻视频号平台不久就获得了不少点赞，这就是鲜明的人设在短视频中的优势。图2-16所示为该生活博主的视频号。

图 2-15

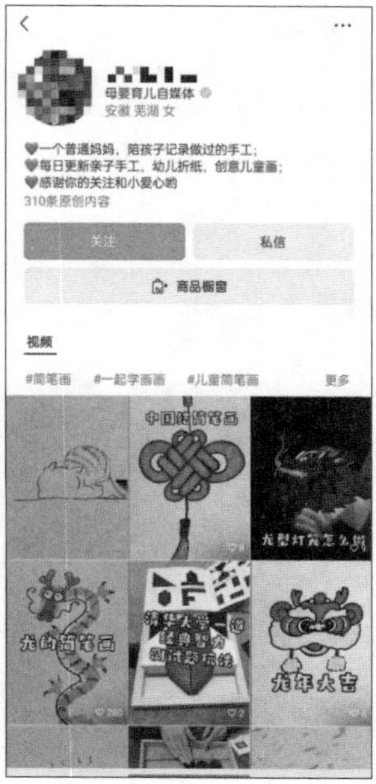

图 2-16

（3）结合自己的生活

视频运营者在塑造人设的时候，还应该结合自己的生活，如生活环境和生活中的人。视频号中有很多情侣账号、夫妻账号及视频博客式的短视频，他们以生活为素材，用不同的方式分享和记录自己的生活。图2-17所示为某生活类视频号发布的短视频，该账号以一个小女孩的一日三餐作为拍摄主题，这样的人设有一个好处，那就是可以根据日常生活持续更新，不用担心没有拍摄内容。

（4）个人口头禅

口头禅也可以作为一个人的标志。对短视频运营者而言，如果有一句口头禅，很容易给用户留下印象。例如，某美妆博主的口头禅“oh my god”“买它!买它!买它!”已成为他的标志性语言。

（5）正确的价值观

除了以上4个确定人设的方法，还应注意最重要的一点，即正确的价值观。价值观是人认定事物、判定是非的一种思维或价值取向，简单来说就是内心相信和坚持的东西。视频运营者所呈现的内容就是其价值观的体现。

短视频运营者一定要有正确的价值观，这样才会越走越远。图2-18所示为一个情感语录博主的视频号，正因为该博主的视频文案有着正确的价值观，才获得了大量的粉丝和点赞。

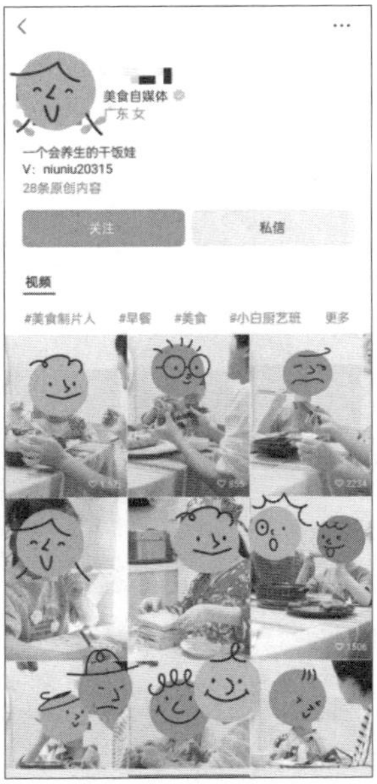

图 2-17

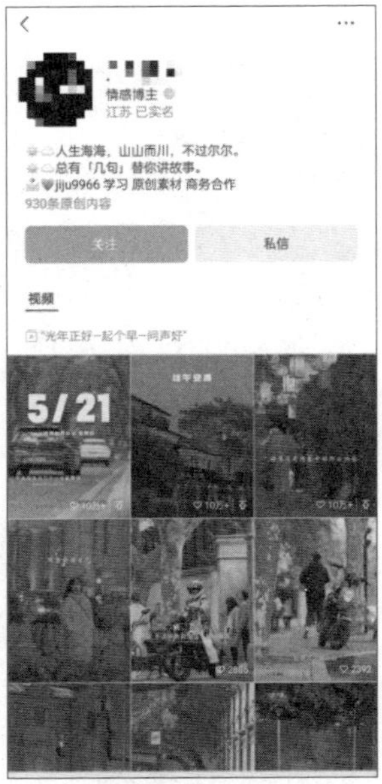

图 2-18

虽然目前视频号中的视频只有1分钟的时长，但向用户展示的不仅仅是这1分钟的内容。人设定位有很大的意义，创作者们应在以上5个方面多费心思。

综上所述，找准方向，根据自身优势确定人设是每一个视频运营者都要做的，这也是成为一个优秀视频创作者的前提。

2.3 账号定位存在的误区

在自媒体运营中，账号定位扮演着至关重要的角色，它决定了账号的发展方向、内容布局及受众群体。然而，许多人在进行账号定位时容易陷入一些误区，这些误区可能会影响账号的发展速度和效果。本节将介绍在账号定位的过程中可能存在的误区。

2.3.1 内容同质化

内容同质化，简而言之，是指不同账号间发布的内容在主题、形式、风格等方面高度相似，缺乏独特性和创新性。在短视频、图文、直播等领域，这一现象尤为普遍。从相似的封面设计到雷同的文案表述，再到相近的视频剪辑手法，内容同质化不仅降低了用户体验，也削弱了创作者的竞争力。

1. 内容同质化的原因

（1）低门槛与内容泛滥：随着自媒体平台的开放，内容创作门槛大幅降低，大量未经专业培训的创作者涌入，导致内容质量参差不齐，模仿与抄袭现象频发。

（2）追求快速回报：部分创作者急于求成，倾向于复制已成功的内容模式，以期快速获得流量与关注，忽视了原创内容的重要性。

（3）算法推荐机制：部分平台的算法推荐机制可能加剧了内容同质化，因为相似的内容更容易被系统识别并推送给兴趣相似的用户群体。

（4）缺乏创新动力：在长期的内容创作过程中，部分创作者可能因灵感枯竭或市场压力而失去创新动力，转而选择跟随潮流，导致内容同质化。

2. 内容同质化的影响

（1）用户体验下降：长期接触同质化内容，用户容易产生审美疲劳，降低对平台的黏性与满意度。

（2）创作者竞争加剧：在同质化严重的环境下，创作者难以通过内容脱颖而出，加剧了行业竞争，降低了个人品牌的辨识度。

（3）平台生态受损：内容同质化可能导致平台内容质量下降，影响用户留存与吸引新用户的能力，进而影响平台的长期发展及前景。

3. 应对内容同质化的策略

（1）明确并深化账号定位：基于个人兴趣、专长及市场需求，明确账号的核心定位，并通过持续的内容创新深化这一定位，形成独特的品牌风格。

（2）注重原创内容创作：原创是避免内容同质化的关键。创作者应投入更多的时间与精力进行内容创新，挖掘独特的视角，讲述独特的故事，提升内容的独特性与吸引力。

（3）多元化内容形式：尝试不同的内容形式，如短视频、图文、直播、音频等，以及不同的内容风格，以满足用户多样化的需求，增加内容的丰富度与新鲜感。

（4）加强用户互动与反馈：积极与用户互动，收集用户反馈，了解用户的真实需求，根据反馈调整内容策略，提升内容的针对性与用户满意度。

（5）持续学习与自我提升：保持对行业动态的敏感度，不断学习新知识、新技能，提升内容创作的专业性与创新性，以应对不断变化的市场环境。

2.3.2 目标受众不明确

目标受众不明确，意味着账号在内容创作、推广策略、互动方式等方面缺乏明确的指向性。这往往导致内容泛而不精，难以满足特定群体的需求，进而造成用户黏性低、互动性差、转化率低的困境。许多账号因此陷入“叫好不叫座”的尴尬境地，尽管投入了大量精力与时间，却难以获得预期的回报。

1. 目标受众不明确的原因

（1）缺乏市场调研：在账号创立之初，未进行充分的市场调研，对潜在受众的兴趣、需求、行为习惯等了解不足，导致内容定位模糊。

（2）定位过于宽泛：试图覆盖所有用户群体，结果却往往因为内容过于泛化而失去核心受众的青睐。

（3）跟风模仿：盲目追随热门话题或成功的账号，忽视了自身特色与受众定位，导致内容同质化且缺乏针对性。

（4）缺乏数据分析：未有效利用平台提供的数据分析工具，对受众反馈、内容表现等关键数据缺乏深入分析，难以精准调整内容策略。

2. 目标受众不明确的影响

（1）内容效果大打折扣：缺乏明确受众定位的内容往往难以触动用户心弦，导致阅读量、点赞量、评论量等关键指标低迷。

（2）用户黏性下降：用户难以在账号中找到持续的价值与共鸣，导致关注取消、订阅取消等负面行为频发。

（3）商业化受阻：目标受众不明确使得广告投放、品牌合作等商业化行为难以精准定位，影响账号的变现能力。

（4）品牌塑造困难：缺乏明确受众定位的账号难以形成独特的品牌形象与价值观，难以在激烈的市场竞争中脱颖而出。

3. 明确目标受众的策略

（1）深入市场调研：通过问卷调查、访谈、社交媒体分析等方式，深入了解潜在受众的兴趣、需求、痛点等，为内容定位提供坚实的数据支撑。

（2）精准定位受众：基于市场调研结果，明确账号的核心受众群体，包括年龄、性别、地域、职业、兴趣爱好等特征，确保内容创作有的放矢。

（3）构建用户画像：根据目标受众的特征，构建详细的用户画像，包括用户行为路径、消费习惯、心理需求等，以便更精准地满足用户需求。

（4）持续优化内容：根据用户反馈与数据分析结果，不断调整内容策略，确保内容既符合目标受众的口味，又能引领潮流，保持新鲜感与吸引力。

（5）加强互动与反馈：积极与用户互动，收集用户反馈，了解用户的真实需求与期望，及时调整内容方向，增强用户黏性与忠诚度。

2.3.3　盲目追求粉丝数

在数字时代，粉丝数似乎成了衡量账号成功与否的金色标尺。因此，许多账号运营者在这股"数量崇拜"的浪潮中迷失了方向，不惜一切代价追求粉丝数量的快速增长，却忽视了粉丝的质量与活跃度。这导致账号虽然表面上粉丝众多，但实际上互动率低、转化率差，成了一座"空有其表"的粉丝城堡。

1. 盲目追求粉丝数的原因

（1）短视心态：急于求成，将粉丝数视为成功的唯一标志，忽视了账号的长期发展与品牌建设。

（2）攀比心理：受行业氛围或竞争对手影响，盲目跟风，将粉丝数作为攀比的对象，失去了对账号定位的清晰认知。

（3）缺乏战略规划：未对账号进行深入的市场调研与定位分析，导致运营策略盲目，内容方向模糊。

（4）误解营销理念：错误地将粉丝数等同于营销效果，忽视了内容质量与用户体验的重要性。

2. 盲目追求粉丝数的影响

（1）内容质量下滑：为了迎合广泛的受众，内容趋于泛化，缺乏深度与特色，导致用户黏性降低。

（2）用户信任度下降：频繁推送低质量内容或广告，损害用户体验，降低用户对账号的信任与忠诚度。

（3）商业化受阻：虽然粉丝众多，但缺乏有效的转化机制，广告合作与品牌合作难以达到预期效果。

（4）资源浪费：大量投入于粉丝增长而非内容优化，导致资源错配，影响账号的长期可持续发展。

3. 如何避免盲目追求粉丝数的方法

（1）深入市场调研：通过问卷调查、用户访谈等方式，深入了解目标受众的需求、兴趣与行为习惯，为账号定位提供数据支撑。

（2）明确核心价值：基于市场调研结果，明确账号的核心价值与独特卖点，确保内容创作与账号定位高度契合。

（3）精准定位受众：根据目标受众的特征，如年龄、性别、地域、兴趣等，进行精细化定位，打造具有针对性的内容。

（4）注重内容质量：摒弃“数量为王”的观念，专注于提供高质量、有价值的内容，增强用户黏性与互动性。

（5）优化用户体验：关注用户反馈，及时调整内容策略与呈现方式，确保用户体验始终保持在最佳状态。

（6）建立品牌忠诚度：通过持续的内容输出与互动，建立用户对账号的情感联结与品牌忠诚度。

2.3.4 频繁更换定位

频繁更换定位，指的是账号在短期内多次调整其核心价值、目标受众、内容方向或品牌形象等行为。

1. 背后的原因分析

（1）缺乏长远规划：部分账号运营者未进行充分的市场调研和自身定位分析，盲目跟风或仅凭一时兴趣决定内容方向。

（2）追求短期利益：为了追逐热点或提高短期内的关注度，频繁调整内容策略，忽视了账号的长期价值积累。

（3）应对竞争压力：面对激烈的市场竞争，一些账号试图通过不断变换定位来寻找突破口，反而失去了原有的特色和忠实的用户。

（4）自我认知不清：对自身的优势、兴趣及市场定位缺乏清晰的认识，导致定位摇摆不定。

2. 频繁更换定位的影响

（1）粉丝流失：频繁的定位变化会让粉丝感到困惑和失望，降低忠诚度，最终导致大量粉丝取关。

（2）信任度下降：不稳定的品牌形象和内容方向会削弱用户的信任感，影响账号的权威性和影响力。

（3）算法不友好：许多平台算法基于账号的稳定性和一致性来推荐内容。频繁更换定位可能导致算法难以准确识别账号属性，减少曝光机会。

（4）资源浪费：每次定位调整都伴随着时间、精力和资源的重新投入，频繁变动意味着大量资源的无效循环。

3. 如何避免频繁更换定位

（1）深入自我分析：明确自己的核心竞争力、兴趣点及目标受众，制订长期发展规划。

（2）坚持一致性：保持内容风格、品牌形象和目标受众的一致性，逐步深化品牌印象。

（3）灵活调整而非频繁更换：基于市场反馈和数据分析，适时微调内容策略，而非彻底改变定位。

2.4　AI 在账号定位中的应用

明确账号定位是成功的第一步。不少用户对自己的定位认知不够清晰，不知道该选择哪个领域，也难以准确挖掘目标用户的需求。这种模糊的方向感，不仅导致了内容创作的低效，还容易让账号淹没在信息的洪流中。但是通过借助AI工具，用户可以打造更加精准和差异化的账号内容，从而提升影响力和竞争力。

2.4.1　AI在账号定位中的作用

AI技术在账号定位中起到了极大的辅助作用，它可以通过深度学习和分析大数据，利用分析、建议、优化等多种方式，帮助用户快速明确定位方向，提高账号的内容竞争力和市场影响力。下面是AI在账号定位方面的作用的详细说明。

1. 帮助用户明确兴趣与特长

AI可以通过用户提供的关键字、兴趣点、技能列表等信息，综合分析用户的个人特长与市场需求的契合点。例如，通过自然语言处理和语义分析技术，AI能够识别用户的核心兴趣领域，并建议最适合的账号类别（如美食探店、只是分享、健身教学等）。

2. 精准挖掘目标用户群体

在明确账号定位的过程中，理解目标受众是关键。AI可以根据用户群体的特征（如年龄、性别、兴趣、地域等），利用数据挖掘技术生成用户画像，帮助运营者明确账号服务的对象。通过深入挖掘用户的痛点和需求，AI还可以为运营者提供更具有吸引力的内容方向建议。

3. 生成差异化定位建议

账号的独特性是吸引粉丝和增强黏性的核心。AI可以通过对同类账号的内容和风格进行对比分析，识别差异化的切入点。例如，AI可以建议用户从特定的角度切入一个热门领域，避免内容同质化，提升账号的竞争力。

4. 内容标签与话题推荐

账号定位离不开准确的标签和话题选择。AI可以根据定位领域，生成与账号方向高度相关的标签组合和推荐话题，帮助用户在平台上获得更大的曝光。例如，在短视频平台，美食类账号可能会推荐“家常菜”“美食探店”等高频热词。

5. 快速生成试验性内容

在账号建立初期，用户常常不知道选择哪种内容形式来吸引受众。AI能够基于用户的定位方向快速生成试验性内容，如视频标题、短文案、内容大纲等，让用户可以进行实际测试，从数据中验证定位是否合理。

6. 动态调整与优化定位

账号定位并非一成不变的，市场和用户需求的变化要求运营者不断优化内容方向。AI能够通过分析账号数据（如播放量、点赞数、转发量等），分析用户对内容的偏好，并提供调整建议，帮助运营者在竞争中保持账号优势。

2.4.2 如何向AI提出有效的定位问题

在使用AI进行账号定位时，提问的方式往往决定了最终回答的质量，如果希望AI的回答能够满足期望，就必须掌握高效提问的方法，而掌握“BRTR原则”是正确提问的关键。

BRTR原则，用一句话概述就是：说背景（B）、定角色（R）、派任务（T）、提要求（R），具体说明如图2-19所示。

图2-20所示为一个具体的示例，清晰地描述了BRTR原则的用法。

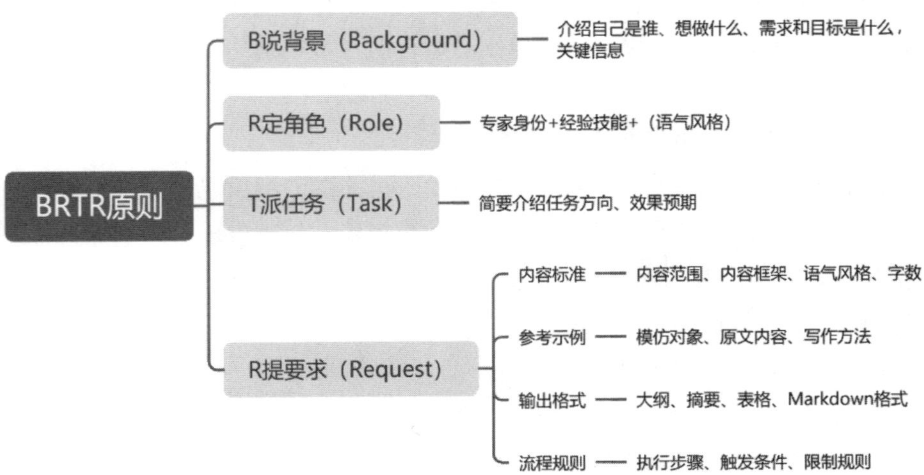

图 2-19

图 2-20

2.5　文心一言助力账号定位

文心一言是由百度研发的一款人工智能大语言模型，具备强大的自然语言处理能力和内容生成能力。自发布以来，文心一言被广泛应用于内容创作、智能问答、商业咨询等领域，帮助用户高效地解决复杂的问题。文心一言凭借丰富的语言模型和精准的数据分析，在确定账号定位时成为许多创作者的得力助手。

2.5.1　文心一言的基本用法

文心一言是百度研发的知识增强大语言模型，能够与人对话互动、回答问题、协助创作，高效、便捷地帮助人们获取信息、知识和灵感。下面将介绍其使用方法。

1. 登录文心一言

文心一言是由百度研发的，因此用户只需使用百度账号就可以进行登录。如果用户没有百度账号，注册一个账号也不需要花费太多时间。下面是具体操作步骤。

01 在浏览器中搜索文心一言并进入首页，单击页面右上角的“立即登录”按钮，如图2-21所示。

图 2-21

02 执行操作后，弹出账号登录对话框，单击右下角的“立即注册”超链接，如图2-22所示。

03 进入百度的“欢迎注册”页面，如图2-23所示，输入相应的用户名、手机号、密码和验证码，选中相应的复选框，单击“注册”按钮，即可完成注册，并自动进入文心一言。

图 2-22

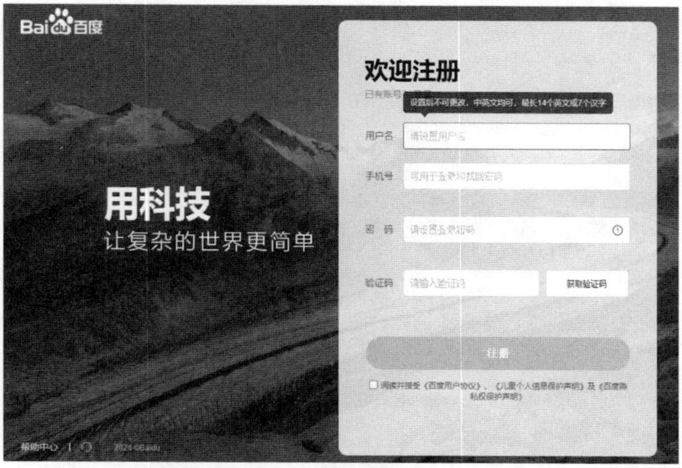

图 2-23

2. 输入并发送提示词

提示词是用户与AI进行交流的重要工具，在文心一言中，用户可以使用AI推荐的提示词来体验对话功能，也可以输入并发送自定义的提示词，让AI进行写作。下面介绍具体的操作方法。

01 在对话窗口的输入框中输入“请你介绍一下文心一言”，单击输入框右下角的发送按钮，如图2-24所示，即可将提示词发送给AI。

图 2-24

02 稍等片刻，即可获得文心一言生成的一段介绍，如图2-25所示。

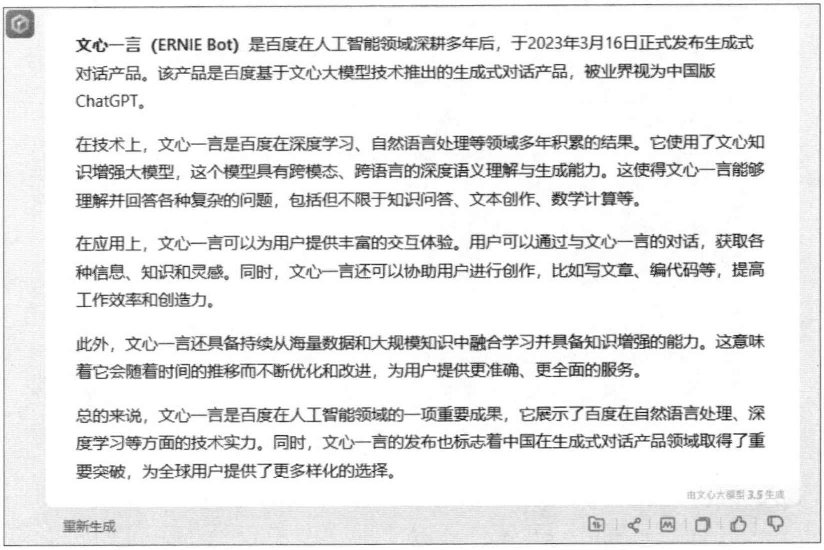

图 2-25

提示：在文心一言生成的回复下方，提供了一些按钮，可以满足用户的其他需求，下面介绍各个按钮的功能。

- “重新生成”按钮：单击此按钮，可以让AI使用相同的提示词再次生成。
- 按钮：单击此按钮，可以将本次回答保存至本地，或生成百度网盘链接和保存至百度网盘。
- 按钮：单击此按钮，可以将生成的回复通过链接的方式分享出去。
- 按钮：单击此按钮，可以将恢复内容转变成Markdown格式并复制一份。
- 按钮：单击此按钮，可以复制AI回复的内容。
- 和按钮：这两个按钮都代表了用户对回复的反馈。单击按钮表示用户对回复是满意、赞许的态度；而单击按钮则表示用户不满意或不喜欢生成的回复。用户提供反馈，可以让AI更好地理解用户的喜好与需求，从而生成更合适的回复。

2.5.2 如何使用文心一言进行账号定位

扫码看教学视频

使用文心一言进行账号定位时，可以参考BRTR原则，向文心一言说清楚任务，让文心一言这个智能助理更好地为我们服务。下面通过示例进行详细讲解。

01 打开文心一言，在输入框内输入提示词“我是一个正在计划运营短视频账号的新手，对账号定位和内容创作缺乏经验。你是一位短视频内容运营专家，拥有丰富的行业经验，擅长指导初学者从零开始打造成功的短视频账号。请你帮我为我的短视频账号进行精准定位。平台是微信视频号，我的目标受众是年轻人，我想以‘科技趣闻’和‘生活效率提升’为主题，制作有趣且实用的短视频内容。”如图2-26所示，单击输入框右下角的发送按钮，将提示词发送给文心一言。

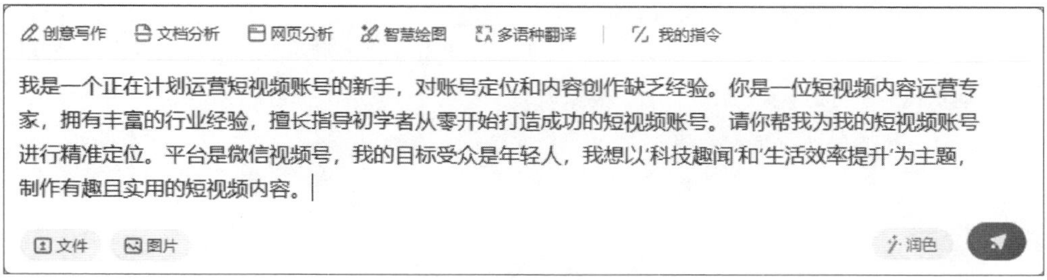

图 2-26

02 执行操作后，即可得到文心一言的回复内容，具体如下所示。

好的，很高兴能帮助你规划微信视频号的内容定位和运营策略。基于你提出的“科技趣闻”和“生活效率提升”这两个主题，我们可以进一步细化你的账号定位和内容创作方向。以下是一些具体的建议。

1. 账号定位

（1）账号名称

➢考虑一个既能体现科技元素又能关联生活效率的名称，如“效率科技达人”“科技生活妙招”或“智趣生活探索者”。

（2）头像与封面

➢设计一个简洁、科技感十足的头像，可以是抽象的科技图案或结合生活元素的创意图标。

➢封面图应展示你的内容特色，比如科技产品与生活场景的结合，吸引用户点击。

（3）简介

➢简短介绍账号主旨，如“探索科技新趣，提升生活效率，让每一天都充满智慧与乐趣！”

➢强调你的内容价值，比如“每周更新，带你玩转科技，解锁高效生活秘籍”。

2. 内容创作方向

（1）科技趣闻

➢最新科技产品评测：选择年轻人关注的热门科技产品（如智能穿戴、智能家居、新奇数码等）进行开箱、功能演示和评测，注重展示产品的独特性和趣味性。

➢科技小知识系列：制作简短易懂的科普视频，解释科技背后的原理或现象，如

"为什么5G这么快？""量子计算入门"等，增加知识性和趣味性。

➢未来科技展望：分享科技前沿动态，如人工智能、太空探索、可持续发展技术等，激发观众对未来世界的好奇心。

（2）生活效率提升

➢高效生活技巧：介绍利用科技工具或方法提高日常生活效率的小技巧，如"一键整理手机相册""利用App高效管理时间"等。

➢智能生活解决方案：展示如何通过智能设备解决生活中的常见问题，如智能家居控制、远程办公设置、健康监测等。

➢工作学习助手：推荐和评测适合年轻人的学习、办公软件和平台，提供提升学习效率和生产力的策略。

3. 内容制作与发布策略

➢保持一致性：确定统一的视频风格（如动画解说、真人出镜、屏幕录制等）和色调，增强品牌识别度。

➢定期更新：制订内容发布计划，如每周发布时间固定，保持观众期待。

➢互动与反馈：鼓励观众留言、点赞、分享，及时回应评论，建立社群氛围。

➢数据分析与优化：利用微信视频号的数据分析工具，监测视频表现，根据观众反馈调整内容方向和发布策略。

4. 推广与合作

➢利用社交媒体：在其他社交平台（如微博、抖音、B站）同步推广你的视频号内容，扩大影响力。

➢合作与联动：与相关领域KOL或品牌合作，进行内容共创或互推，拓宽受众基础。

➢参与话题挑战：紧跟平台热门话题或挑战，制作相关内容，增加曝光机会。

通过上述策略，你可以逐步建立起一个既有趣又实用的"科技趣闻与生活效率提升"短视频账号，吸引并留住年轻受众。记得持续学习和迭代，不断优化你的内容和运营策略，祝你成功！

通过上述输出结果可以看出，回答质量还是比较完整和优质的，当然你也可以通过再次输入提示词，得到更多有助于定位账号的信息，从而得到更具有针对性的账号定位分析和规划。

第3章

标题撰写：提升阅读量的关键

在内容创作中，标题是吸引用户注意力的第一步，也是影响阅读量的关键因素。一个优秀的标题不仅能在信息爆炸的环境中脱颖而出，还能激发用户点击的兴趣，为内容的传播奠定基础。

3.1 标题撰写的重要性与基础

在信息爆炸的时代，用户的注意力愈加分散，只有足够吸引眼球的标题才能让作品在海量内容中脱颖而出。本节将深入解析标题撰写的基本要点，帮助大家掌握撰写高质量标题的技巧。

3.1.1 标题在内容传播中的角色

标题在内容传播中扮演着至关重要的角色，它不仅是吸引用户注意力的第一要素，还是内容概括、情感传递、搜索优化等多个方面的关键。以下是标题在内容传播中的详细角色介绍。

1. 吸引注意力，提升点击率

在信息过载的时代，用户的注意力非常分散，而标题通常是用户接触到内容的第一要素。

抓住眼球：一个独特、有吸引力的标题能够在海量信息中脱颖而出。例如，使用数字、疑问句或者情感化表达的标题更能激发用户的兴趣。

示例："10个小技巧，让你3个月练出腹肌！"

提升点击率：研究表明，标题优化直接影响用户点击率（CTR），优秀的标题可能带来数倍的流量增长。

2. 传递核心信息，引导预期

标题是内容的摘要或浓缩，它能让用户快速了解文章的核心内容，从而决定是否继续阅读。

内容预告：明确的标题让用户对文章主旨和结构有清晰的预期。

示例："如何在30天内建立晨跑习惯：科学方法全解析"。

设置期待值：通过标题告诉用户内容的独特性或实用性，激发他们的阅读兴趣。

3. 促进传播，增强社交分享

在社交媒体和传播平台上，标题是吸引二次传播的重要工具。

易记性和传播性：标题简洁明了、富有创意，能够让用户轻松记住并分享。

示例："健身也有捷径？科学家告诉你如何高效减脂"。

适配多平台传播：不同的平台对标题有不同的需求，例如，微信标题更倾向于生活化，抖音标题注重冲击力。创作者可以针对平台特性对标题进行优化，提升传播效率。

4. 引导情感共鸣，促进互动

优秀的标题不仅可以传递信息，还能激发用户的情感共鸣，促使用户产生点赞、评论或分享等互动行为。

情感触发：通过制造共鸣或矛盾，引发用户参与。

示例："90%的健身者都踩过的误区，你中招了吗？"

增强代入感：通过问题式或故事式标题引导用户思考自己的情况。

示例："如果每天跑步30分钟，你的身体会发生什么变化？"

5. 提升内容的搜索引擎优化（SEO）效果

标题也是SEO的关键因素之一，直接影响内容在搜索引擎中的排名。

关键词优化：在标题中合理嵌入用户常搜索的关键词，有助于内容的搜索曝光。

示例："减脂餐怎么吃？健康食谱推荐"。

点击率信号：搜索引擎会根据用户的点击率判断内容质量，优秀的标题可以帮助内容获得更高的排名。

6. 为品牌塑造形象

标题还是品牌风格和形象的重要表现形式。一个一致且独具特色的标题风格能强化品牌辨识度，吸引特定受众。

品牌调性体现：幽默风、专业风、轻松风等不同风格的标题展现了内容创作者的独特性。

示例（专业风）："从零开始：打造个人健身计划的科学指南"。

示例（幽默风）："吃不胖的秘密？你只差这顿健身餐"。

3.1.2　优秀标题的常见特征

一个优秀的标题不仅能够在众多内容中脱颖而出，还能准确地传达内容价值，让目标受众产生阅读兴趣，优秀标题往往具备以下特征。

1. 要掐中用户好奇关键点

通常用户存在着一些猎奇心理，对未知事物好奇，因此可以根据这一需求，在标题上适当地留一些悬念，满足人们的好奇心，同时注意信息关键点的把握，以此激发人们的探索兴趣，进而点击了解。比如《最容易发胖的20个食物，你中了几个？》《"六一儿童节"的由来，你知道吗？》（图3-1）。

在第一个标题中，关键词是"容易发胖"和"食物"。首先这一标题容易吸引爱美的人和传统女性群体的关注。女性群体大多是爱美的人，大部分传统女性都会在家里料理家务，注重家人膳食营养的均衡，肥胖除了与爱美相悖，还影响身体健康，因此这极易引起人们浏览的好奇心。

图 3-1

第二个标题是关于儿童节的信息，六一儿童节的主角本来就是儿童，但是往往很多人对其来历并不是很清楚，这就充分激发了人们的好奇心，有想让人点击视频观看的欲望。

2. 注意标题中数字的巧用

在撰写标题时，合理利用醒目的数字突出标题内容，能够有效地吸引和冲击观者的视觉。具体来说，标题中表示数量的场合有很多，如使用数字的标题《夜间咳嗽难受试试这四个方法可能缓解咳嗽》《保持自己开心的三种方式》等（图3-2）。

图 3-2

利用数字突出标题的提炼方法也很简单，只需做到以下3点即可。

（1）从视频内容中提炼数字作为标题。

（2）通过数字对比，设置冲突或悬念。

（3）按照视频逻辑结构撰写数字标题。

3. 标题直击用户痛点

标题直击用户痛点是指直接与用户痛点进行对话，让其产生代入感，带动用户的点击率。只有充分调查、了解用户痛点，以用户痛点为创作视频的前提，针对痛点为其制定解决方法才能让视频具有观赏性，如《工作压力大不顺心，如何排解焦虑情绪？》《一分钟告诉你做视频号怎样快速获取流量》（如图3-3所示）等。

图 3-3

4. 适当以对比为噱头

俗话说："没有对比，就没有伤害。"在巧妙的对比中，我们能够突破常规，打破人们的惯性思维，引发他们的震惊。在标题中，通过对比两个截然不同甚至相距甚远的观点，可以制造出强烈的对比效果，激发人们的好奇心和观看欲望。有时候，这种对比反差能够带来意想不到的结果，为标题增添趣味和新意。因此，利用对比心理，不仅可以让标题更具新意，还能增添趣味性。

如生活琐事标题《我加班了，我很开心》，打破了人们对加班的常规认知，因为在通常的思维中，加班往往被视为一件令人烦躁的事情。然而，该标题却指出加班是件开心的事，这种明显的对比反差立刻引发了人们的好奇心，促使他们不由自主地点开观看，想要了解主人公到底经历了什么。

5. 标题寓意增添意境

寓意式标题主要通过运用比喻、拟人、对偶、谐音、引用典故等修辞手法，为标题注入更深层次的意境，从而加深用户对标题的印象。此外，寓意式标题还能借助生动鲜明的形象，将标题的内容传达给用户，为标题增添趣味性、可读性，并丰富其内涵。但需注意的是，这种方法不能随意使用，需讲究方式。例如，在引用典故时，需确保所选典故与视频内容相匹配并有内在关联，不能生搬硬套。

3.1.3 避开标题创作的雷区

很多人也许也经历过这样的困惑：费尽心思剪辑的视频，却始终吸引不到理想的流量，其实问题很有可能就出在标题上，下面是几种常见的标题创作的雷区。

1. 忽略视听性

优秀的标题不仅要能看，还要适合“听”。许多短视频用户通过自动播放直接获取标题信息，如果标题不具听觉友好性，会错失吸引力。

（1）表现

- 使用过于文雅、复杂的表达方式，听起来拗口。
- 忽略语言的节奏感与顺畅度。

（2）解决方法

- 口语化：让标题像日常对话般自然，比如“这才是健身的正确打开方式”。
- 趣味化：融入有趣的比喻或押韵，比如“工作不努力，老板换成你”。
- 听觉化：标题应该朗朗上口，如广告中的“人头马一开，好事自然来”。

（3）示例

- ×“品味孤独的深邃”。
- √“孤独得像深海里的鱼”。

2. 欠缺角色代入感

用户希望在标题中找到自身的投射。如果标题不具有角色代入感，用户可能会缺乏互动兴趣。

（1）表现

- 标题太过抽象，无法直接引起用户共鸣。
- 缺少直指用户的第二人称（“你”）。

（2）解决方法

• 直接对话：使用“你”来拉近关系，例如“你吃过的最奇怪的东西是什么？”

• 情境代入：让用户从标题中找到熟悉的场景或情感，比如“社畜的一天，从咖啡开始到加班结束”。

• 标签化：通过热门标签吸引特定群体，如“程序员的生活烦恼”或“天蝎座的独特爱情观”。

（3）示例

• ×“上班族的日常”。

• √“你下班后都用这招偷懒吗？”

3. 标题假大空

标题是吸引用户的窗口，过于空泛、浮夸的表达会让用户失去兴趣。

（1）表现

• 使用过于宏大的形容词或陈词滥调，例如“改变人类未来的发明”。

• 标题与内容脱节，无法承诺明确的价值点。

（2）解决方法

• 具体化：用具体场景替代抽象描述，比如“厨房里的顽固污渍，这样清理最干净”。

• 价值导向：告诉用户内容会带来什么好处，比如“看完这个视频，月薪轻松过万”。

（3）案例

• ×“让世界更加美好的一天”。

• √“螨虫和猫毛怎么处理？看这一招！”

4. 缺乏记忆锚点

标题需要有“钩子”，让人一眼记住。如果标题太平淡或缺乏特色，会迅速被遗忘。

（1）表现

• 平铺直叙，缺乏吸引人的亮点。

• 无法通过语言形成鲜明的记忆点。

（2）解决方法

• 使用金句或口头禅：通过熟悉的表达方式增强记忆，比如“OMG”或“不要太卷了”。

• 制造反差：引入意料之外的对比或幽默感，比如“富人用脚投票，穷人用脚打工”。

（3）示例

• × “减肥的好方法”。

• √ “为了减肥，我每天和饭量斗智斗勇”。

5. 对联化与过度文艺

对联式标题或过于诗意的表达在现代传播中显得刻意与老旧。

（1）表现

• 标题像对仗诗句，缺乏时代感。

• 过于追求文学性，无法与现代用户的快速消费习惯匹配。

（2）解决方法

• 简化表达：用现代化的方式呈现经典内容，比如“这句诗让人一秒爱上古风”。

• 注重情感联结：与用户情感贴近，而非炫耀文字功底。

（3）示例

• × “一纸风华三千载，落笔长安终成灰”。

• √ “一句诗让我梦回长安”。

6. 缺乏故事感

标题仅传递信息而无情节性，难以激发用户的阅读兴趣。

（1）表现

• 标题像数据报告或说明书，缺乏情感与情节的张力。

• 没有悬念或反转，无法挑起用户的好奇心。

（2）解决方法

• 引入反转：制造情节上的对比或矛盾，比如“她月薪3000，却用3年攒下50万”。

• 制造悬念：通过未完成的语句吊起胃口，比如“我分手了，但我没有难过”。

（3）示例

• × “关于坚持的故事”。

• √ “每天5点起床，她的坚持改变了什么？”

7. 过于冷淡

如果标题过于刻板、冷硬，缺乏人情味，用户会感到疏离，难以产生点击的欲望。

（1）表现

• 使用专业术语堆砌，过于学术化或正式化。

• 语言缺乏幽默与亲和力。

（2）解决方法

• 用户视角：用用户能理解并感兴趣的语言表述。

• 幽默风格：通过轻松有趣的方式传递信息，比如“加班让我怀疑人生，但又让我存活下来”。

（3）示例

• ×“深度解析运动医学对健康的影响”。

• √“运动这件事，不运动你就输了！”

3.2　AI在标题撰写中的应用

标题作为吸引用户目光的第一道关卡，其重要性不言而喻。然而，要创作出既能抓住用户兴趣又能与内容契合的标题，却是一项耗时耗力的工作。AI以其强大的自然语言处理能力和数据分析能力，能够迅速生成多样化、富有吸引力的标题。无论是基于内容提炼核心信息，还是针对目标受众调整语言风格，AI都展现出了精准、高效的优势。

3.2.1　如何利用AI工具快速生成优质标题

AI不仅提升了标题创作的效率，还显著提高了标题的吸引力和点击率。下面从工具选择、生成方法、优化技巧3个方面，详细介绍如何利用AI快速生成优质标题。

1. 选择合适的AI工具

市场上有众多AI工具支持生成标题，如DeepSeek、Headline Studio、Jasper AI等。大家在选择AI工具时，需根据创作需求决定。

• DeepSeek：通用性强，可根据具体内容和提示生成多个风格化标题。

• Headline Studio：注重标题的可读性和吸引力分析，为优化提供数据支持。

• Jasper AI：擅长营销导向标题生成，特别适合电商或品牌推广。

对于新闻类标题，可选择内容概括能力强的工具；对于短视频标题，则应选择善于制造话题和吸引眼球的工具。

2. 输入清晰的提示词

AI生成的标题质量与输入的提示词密切相关。为确保生成的标题符合需求，应提供以下关键信息。

• 背景：明确内容的主题或核心信息，如“关于AI写作工具的使用技巧”。

• 目标：说明标题的用途，如“吸引短视频观众”或“提高文章点击率”。

• 风格：指定希望生成的标题类型，如“幽默风”或“正式风”。

• 示例提示词：“请为介绍AI写作工具的文章生成5个幽默风格的标题，目标是提高社交媒体上的点击率。”

3. 优化生成结果

AI生成标题后，需根据实际需求进行筛选和优化。

• 匹配内容：确保标题与正文内容一致，避免误导读者。

• 简洁有力：标题应精炼且直击主题，通常控制在10~15字。

• 关键词优化：将核心关键词置于标题前半部分，有利于搜索引擎抓取和用户识别。

• 情感引导：利用问句、反差或新鲜感激发读者的好奇心，如“AI标题生成器，你真的会用吗？”

4. 结合受众分析调整标题

不同受众群体对标题的偏好不同，因此需根据目标受众的特点调整标题。

• 年轻人：喜欢网络流行语或反差感强的标题，如“AI标题生成，比你还懂你！”

• 专业人士：更倾向于直白、概括的标题，如“AI工具助力高效内容创作”。

利用AI工具的用户画像功能，分析目标群体的特点，进一步优化标题的语言风格和表达方式。

5. AI辅助与人工创意结合

虽然AI工具能快速生成标题，但人工创意同样不可或缺。创作者应发挥主观能动性，对AI生成的标题进行调整或二次加工。

• 合并优点：从AI生成的多个标题中提取亮点，组合成更吸引人的标题。

• 融入品牌个性：在标题中加入品牌特有的语调或情感元素，提高品牌辨识度。

• 创新表达：结合个人经验和创意，对标题进行独特表达，使其更加新颖和吸引人。

通过合理使用AI工具，创作者不仅能快速生成优质标题，还能在优化和创新中不断提升标题的点击率与传播效果。

3.2.2　不同场景下利用AI撰写标题的技巧

在使用AI撰写标题时，不同的场景创作需求也会有所不同。下面结合新闻、短视频、电商、社交媒体4种常见场景，详细解析其创作技巧和注意事项。

1. 新闻场景：精准且信息浓缩

在撰写新闻标题时，信息的准确性和时效性至关重要，标题需在最短的时间内传达核心信息。

（1）创作技巧

- 直击核心信息：将事件的“谁、什么、何时、何地”元素突出，例如“AI技术突破：新算法提升图片处理速度50%”。
- 结合热点关键词：通过整合流行话题提升搜索引擎排名，如“AI与元宇宙结合，将如何改变未来？”
- 设置悬念或引发思考：以开放式问句或对比手法引导读者点击，如“人工智能的崛起，工作真的会被取代吗？”

（2）注意事项

- 避免夸大或误导，确保标题内容与新闻事实一致。
- 使用AI标题生成工具时，输入具体背景，例如“请生成一个关于科技创新的新闻标题，风格严肃。”

2. 短视频场景：情绪引导与故事感兼具

短视频标题需要在有限的文字中调动观众的好奇心，激发其点击的欲望。

（1）创作技巧

- 使用情绪化语言：引发观众情感共鸣，例如“看完这个，谁还敢懒下去？”
- 制造反转或悬念：利用反差和故事情节吸引人们观看，如“她只是打扫了一下房间，却发现了这个秘密……”
- 标签化标题：直接锁定目标人群兴趣点，如“30天减肥挑战：普通人也能练出马甲线”。
- 强调行动或结果：突出视频内容带来的实际效果，如“一分钟教你搞定早餐，全家人都夸赞！”

（2）注意事项

- 短视频标题应简洁，尽量控制在20字以内。
- 在使用AI工具如DeepSeek或Canva时，生成标题时建议加入观众标签和期望情绪。

3. 电商场景：吸引购买欲与品牌信任感

电商标题需兼顾产品特性与用户需求，既能吸引注意，又能传递价值信息。

（1）创作技巧

- 突出核心卖点：直接点明产品亮点，如“智能清洁机器人：彻底解放双手的家务神器！”
- 利用数字和对比：用具体数据提高可信度，如“减重50%，比普通吹风机轻一半！”
- 打造稀缺性或限时感：引发消费紧迫感，如“仅限24小时：限量护肤套装秒杀价！”
- 融入场景和用户体验：让消费者代入使用场景，如“忙碌一天后，这杯茶给你温暖与放松”。

（2）注意事项

- 避免过度夸张或虚假宣传，保持标题内容真实可信。
- 在借助AI工具生成标题时，输入产品特点、目标用户及促销信息。

4. 社交媒体场景：以互动性与趣味性为主

社交媒体平台的标题需能快速抓住用户注意力，并鼓励转发或评论。

（1）创作技巧

- 提问式标题：激发用户参与，例如“你的性格更像哪种动物？测完准哭了！”
- 融入流行语或网络热梗：紧跟潮流，拉近与受众的距离，如“当代人社交名场面，笑到停不下来！”
- 营造神秘感或反差感：让用户有探索欲望，如“别人家的孩子？不！是别人家的AI！”
- 使用行动号召语：直接鼓励用户点赞、分享，如“你也经历过这种尴尬瞬间吗？评论区聊聊！”

（2）注意事项

- 确保标题和内容风格统一，避免标题党。
- 在使用AI工具生成标题时，可加入当前网络热词或热门话题。

3.3 使用 DeepSeek 撰写标题

DeepSeek是由中国人工智能公司深度求索自主研发的多模态大模型，凭借其强大的中文语义理解能力和行业垂直场景的深度适配，迅速成为国内大模型领域的代表性产品之一。DeepSeek通过自然语言处理技术，可以根据关键词、场景和目标受众快速生成创意标题，大幅提高内容创作的效率和质量。

3.3.1　使用AI撰写对比式标题

扫码看教学视频

对比式标题是一种通过呈现强烈对比或矛盾点来激发读者兴趣的标题形式。这种标题以鲜明的冲突感和极具吸引力的表述，常常能够引起受众强烈的好奇心理。下面介绍对比式标题的特点和使用DeepSeek撰写对比式标题的操作步骤。

1. 对比式标题的特点

对比式标题是一种利用两种或多种对立元素形成鲜明对比的标题形式，其核心是通过冲突感、矛盾性或反差感来吸引受众注意。对比式标题具有以下显著特点。

（1）突出冲突感

对比式标题常通过将对立的概念、观点或现象放在一起，制造一种“对立但共存”的张力，从而吸引受众的好奇心。例如某公众号曾推送一篇标题为《为什么越努力越焦虑？》的文章，如图3-4所示，就巧妙地利用了人们的普遍认知——努力的人理应生活充实——与实际情况中可能产生焦虑感之间的反差，引发读者的好奇心：究竟为何在努力的同时会伴随着焦虑？这样的标题设计极大地促进了用户点击阅读，探寻文章背后的奥秘。

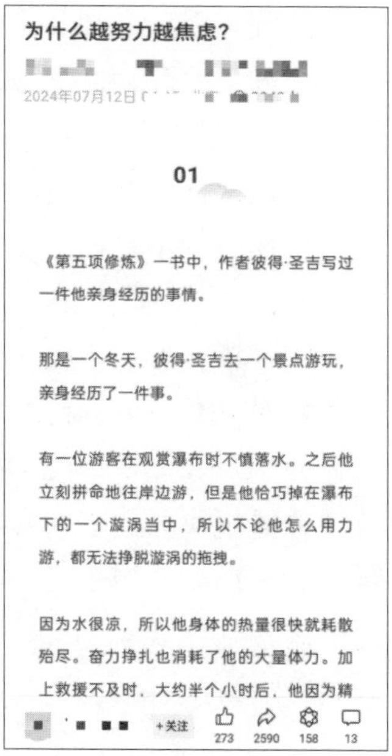
为什么越努力越焦虑？

01

《第五项修炼》一书中，作者彼得·圣吉写过一件他亲身经历的事情。

那是一个冬天，彼得·圣吉去一个景点游玩，亲身经历了一件事。

有一位游客在观赏瀑布时不慎落水。之后他立刻拼命地往岸边游，但是他恰巧掉在瀑布下的一个漩涡当中，所以不论他怎么用力游，都无法挣脱漩涡的拖拽。

因为水很凉，所以他身体的热量很快就耗散殆尽。奋力挣扎也消耗了他的大量体力。加上救援不及时，大约半个小时后，他因为精

图 3-4

这种冲突感能够激发受众思考，使他们想要进一步了解标题背后的内容。

（2）引发情感共鸣

对比式标题常涉及受众的实际生活、情感体验或普遍关注的问题，能够唤起他们的情感共鸣。例如：

“忙碌让你更成功，还是更迷茫？”

“理想很丰满，现实却很骨感。”

这种标题会让受众感到“这说的不就是我吗？”从而增加点击内容的可能性。

（3）展示反转效果

通过展示与常识或预期完全相反的内容，引发人们的好奇心理。例如：

“每天跑步，膝盖却更痛了？”

“省钱越多，生活压力却越大？”

反转的逻辑不仅吸引目光，还能激发用户对标题内容进行深入探究。

（4）逻辑清晰，语言对称

对比式标题的语言结构通常简洁、对称，易于阅读和理解。例如：

“努力工作 vs 智慧工作，你选哪个？”

“做得多不如做得巧？”

这种清晰的表达方式让受众一目了然，快速抓住标题的核心。

（5）注重预期与实际的落差

对比式标题通过展现预期与现实之间的差距，引导受众产生好奇心。例如：

“看似简单，背后却藏着巨大的秘密！”

“预算很低，却装出豪宅的效果！”

这种落差感让受众感到意外和有趣，激发他们探索的欲望。

（6）强化记忆点

对比式标题常通过巧妙的文字安排，给受众留下深刻印象。例如：

“你熬的不是夜，是命！”

“节省不一定省钱，花钱却可能赚钱？”

这种语言形式不仅易于传播，还能在短时间内吸引受众的注意力。

2. 使用DeepSeek撰写对比式标题

使用AI工具，例如DeepSeek撰写对比式标题，可以高效产出既创意十足又符合传播规律的文案内容。下面介绍详细的操作步骤。

01 打开DeepSeek，在提示词输入框内输入提示词：“请为一篇关于减肥方法的文章生成对比式标题。”如图3-5所示，单击输入框右下角的发送按钮 ，将提示词发送给DeepSeek。

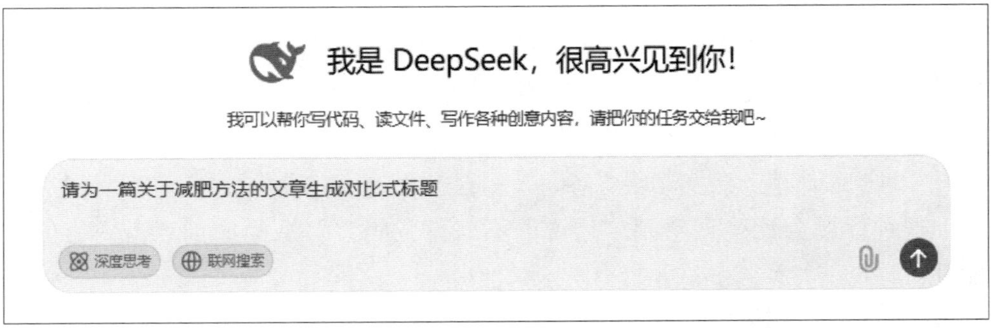

图 3-5

02 执行操作后，稍等片刻即可得到DeepSeek的回复内容，如图3-6所示。

上述使用DeepSeek撰写对比式标题所使用的是基础提示词，如果想要DeepSeek生成的回复内容达到预期效果，可以适当地增加一些提示词，例如将提示词结构化，即指定标题类型和受众，下面是具体提示词和回复。

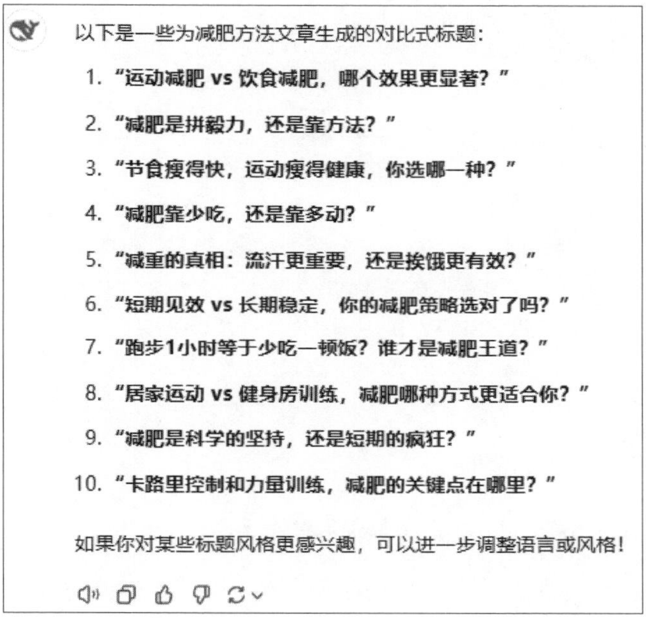
以下是一些为减肥方法文章生成的对比式标题：

1. **"运动减肥 vs 饮食减肥，哪个效果更显著？"**
2. **"减肥是拼毅力，还是靠方法？"**
3. **"节食瘦得快，运动瘦得健康，你选哪一种？"**
4. **"减肥靠少吃，还是靠多动？"**
5. **"减重的真相：流汗更重要，还是挨饿更有效？"**
6. **"短期见效 vs 长期稳定，你的减肥策略选对了吗？"**
7. **"跑步1小时等于少吃一顿饭？谁才是减肥王道？"**
8. **"居家运动 vs 健身房训练，减肥哪种方式更适合你？"**
9. **"减肥是科学的坚持，还是短期的疯狂？"**
10. **"卡路里控制和力量训练，减肥的关键点在哪里？"**

如果你对某些标题风格更感兴趣，可以进一步调整语言或风格！

图 3-6

为面向职场新人讨论工作效率的短文，撰写对比式标题。

以下是为面向职场新人的工作效率短文设计的对比式标题。

（1）"效率靠时间管理，还是精力分配？"

（2）"忙碌 vs 高效，你是哪一种职场新人？"

（3）"做事快重要，还是做事对重要？"

（4）"任务清单 vs 灵感驱动，哪种方式更适合提升效率？"

（5）"拖延是习惯，还是误解？新人如何打破低效？"

（6）"事必躬亲 vs 学会授权，职场效率提升的最佳选择？"

（7）"效率提升的秘诀：多任务处理还是专注深耕？"

（8）"加班多产出 vs 减负高效能，职场新人该如何抉择？"

（9）"按部就班 vs 灵活应对，工作效率如何找到平衡点？"

（10）"职场效率是工具的功劳，还是方法的胜利？"

这些标题通过对比不同效率观念或方法，能够吸引用户关注并激发思考，适合用来引导用户深入讨论。

除了将提示词结构化，还可以通过提供关键词和对比元素给DeepSeek，让其生成更精准的标题，下面是具体的提示词和回复。

请针对刚入职场的新人，用“理财”和“消费”生成一组短视频的对比式标题。

以下是针对刚入职场的新人的“理财”和“消费”主题的一组短视频对比式标题。

（1）“月薪5000：存下3000 vs 花掉3000，你会选哪种生活？”

（2）“刚发工资就清零？还是学会三步搞定理财计划？”

（3）“早学理财是保值，还是享受消费才值得？”

（4）“第一份工资：投资自己 vs 奖励自己，哪种更对？”

（5）“精致穷的快乐，能战胜账单结余的安心感吗？”

（6）“买新款手机 vs 投资基金，新人选择背后的心理差异”。

（7）“30岁实现财务自由和20岁体验‘奢华自由’，哪个更香？”

（8）“提前消费是勇敢，还是存钱理财更有远见？”

（9）“每月买一件奢侈品，还是每月定投一只基金？”

（10）“外卖自由 vs 租房升级，新人预算该怎么分配？”

这些标题通过贴近职场新人的日常选择，以对比的形式引发思考，既能引起人们的兴趣又有很强的传播潜力。

3.3.2 使用AI撰写数字式标题

数字式标题是一种以数字为核心吸引点的标题类型，能够快速抓住读者或观众的注意力，具有直观、清晰和可量化的特点。下面对数字式标题的特点和使用DeepSeek撰写数字式标题的操作步骤进行详细介绍。

扫码看教学视频

1. 数字式标题的特点

（1）直观清晰

数字给人明确的概念，用户能快速理解内容的范围和结构，例如以下标题。

“10种提高效率的方法”

“3分钟读懂如何理财”

（2）提高吸引力

数字能激发用户的好奇心，尤其是精准的数字显得更真实、可靠，例如以下标题。

“日入500元的兼职攻略”

“从0到1赚到100万的秘密”

（3）可量化和可预期

通过数字设置预期内容范围，让读者知道文章或视频的重点，例如以下标题。

“5大原因告诉你为什么要早起”

“8个动作打造完美腹肌”

2. 使用DeepSeek撰写数字式标题

使用DeepSeek生成的数字式标题通常会更有针对性，能够帮助内容创作者根据受众兴趣点设计合适的内容方向。通过调整数字和关键字，DeepSeek可以迅速适应不同的内容策略需求，提升文章的吸引力。下面介绍具体的操作步骤。

01 打开DeepSeek，在提示词输入框内输入提示词：“请为我生成一组关于健康饮食的5个建议的数字式标题。”如图3-7所示，单击输入框右下角的发送按钮，将提示词发送给DeepSeek。

图 3-7

02 执行操作后，稍等片刻即可得到DeepSeek的回复内容，如图3-8所示。

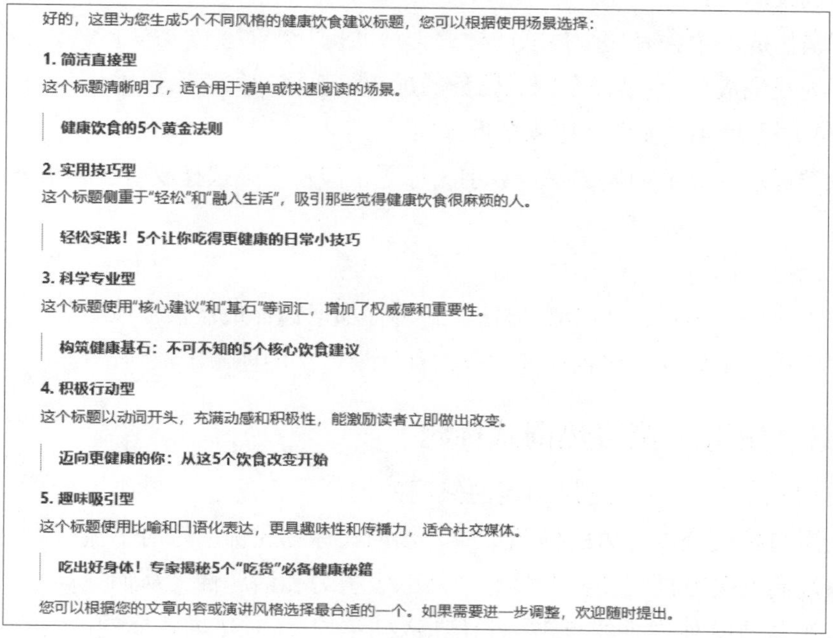

图 3-8

上述示例中的提示词是要求AI创建常见的数字式标题，结构简单，数字占据标题的主导位置。除了上述基本的数字化结构标题，还可以通过向AI提供以下几种提示词类型，来满足用户的需求。

（1）提示词：强调益处或解决方案

这类提示词要求AI在标题中突出数字，并关联到某种解决方案或益处。

示例提示词：

"给我一个包含10个简单步骤的标题，教人如何开始理财。"

"写一个7个步骤的标题，帮助人们减轻工作压力。"

（2）提示词：吸引好奇心

这类提示词要求生成能引发人们好奇心和点击欲望的数字式标题，通常包含一些反转或未解答的问题。

示例提示词：

"请生成一个包含5个惊人事实的标题，揭示职场成功的秘密。"

"生成一个包含7个真相的标题，告诉你理财为何如此复杂。"

（3）提示词：强调挑战性或难度

如果希望标题具有挑战性，可以使用这类提示词，给受众一种挑战的感觉。

示例提示词：

"请生成一个含有10个挑战的标题，帮助提升个人生产力。"

"为我生成一个包含5个困难任务的标题，教你如何克服焦虑。"

（4）提示词：提供对比或多重选项

这类提示词要求AI生成一个数字式标题，涉及多个选择或对比，帮助读者做决定。

示例提示词：

"生成一个标题，列出8种方法，告诉你如何选择最佳投资策略。"

"生成一个标题，比较10种健康饮食计划，帮助你做出最佳选择。"

3.3.3 使用AI撰写热词式标题

扫码看教学视频

热词式标题是指通过使用当前热门的词语、话题、趋势或流行语来吸引目标受众注意力的标题形式。热词式标题通常结合时下流行或关注度高的关键词，使标题具有强烈的吸引力和话题性，从而提高文章、视频或其他内容的点击率和传播效果。下面对热词式标题的特点和使用DeepSeek撰写热词式标题的操作步骤进行详细介绍。

1. 热词式标题的特点

（1）紧跟潮流，迅速抓住焦点

热词式标题紧跟时事热点或流行趋势，能够迅速抓住受众的关注。例如，借助社会、文化、科技等领域的热门话题，使标题更具时效性和吸引力。

示例：

“AI技术将如何改变未来10年？”

“2024年全球经济预测：哪些行业最具潜力？”

（2）提高话题性，促进传播

热词式标题具有较强的话题性。因为它直接与大众关心的焦点挂钩，所以具有较强的传播潜力。标题中的热词容易引发讨论，特别是在社交媒体平台上，热词本身具有高度的可识别性和传播性，可以加速人们对内容的分享和转发。

示例：

“社交媒体爆火的‘元宇宙’到底是什么？”

“‘元宇宙’与现实世界：你需要了解的5个关键”。

（3）吸引特定受众，精准定位

热词式标题能有效地对特定受众进行精准定位。通过在标题中使用某一领域的热门词汇，可以明确表达出目标受众是谁。例如，健身领域的热词如“减脂”“增肌”常用来吸引健身爱好者；而“职场技能”“职场秘籍”等热词，则能有效地吸引刚步入职场的新人群体。

示例：

“职场新人必学：如何突破‘内卷’困境？”

“2024年职场新趋势：远程办公的利与弊”

（4）简洁明了，语言富有冲击力

热词式标题通常简单直接，借助流行词汇的高识别度，快速传递信息，语言直白且富有冲击力，易吸引用户点击。

示例：

“疫情后的生活：你需要的5个心理健康技巧”

“零浪费生活：3个你能做到的环保小习惯”

（5）话题敏感，容易引发情感共鸣

由于使用的热词通常是与社会关注点或受众生活紧密相关的内容，能够快速激发情感共鸣，增强受众的参与感。

示例：

“2024全球气候变化：人类能否逆转气候灾难？”

“‘内卷’风暴：如何在竞争激烈的社会中脱颖而出？”

（6）具备时效性

热词式标题强调时效性，针对的是受众当下关心或正在讨论的最新话题。这样的标题能够迅速抓住当下的热点问题，增加内容的吸引力。

示例：

“2024年春季时装趋势：你必须了解的3大流行元素”

“如何应对即将到来的‘AI革命’？”

2. 使用DeepSeek撰写热词式标题

在使用DeepSeek撰写热词式标题时，需注意DeepSeek的训练数据不是实时更新的，因此在撰写热词式标题时需提供当前热门的关键词，以便生成符合要求的内容。下面介绍具体的操作步骤。

01 打开DeepSeek，在提示词输入框内输入提示词“使用当下热词‘2025年这6类房子统一拆迁’，生成3个能够吸引用户点击的热词式标题”，如图3-9所示，单击输入框右下角的发送按钮，将提示词发送给DeepSeek。

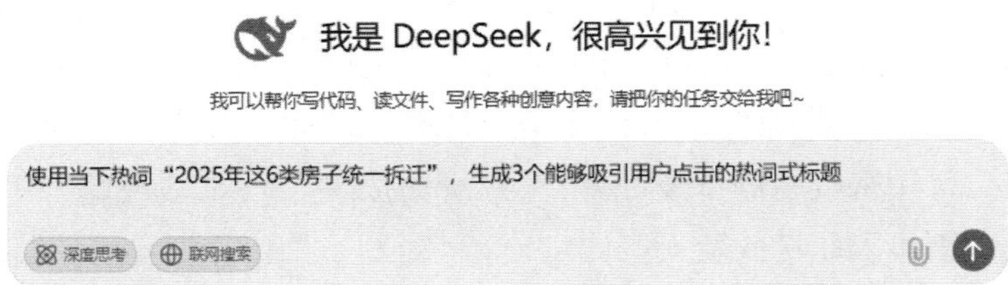

图 3-9

02 执行操作后，稍等片刻即可得到DeepSeek的回复内容，如图3-10所示。

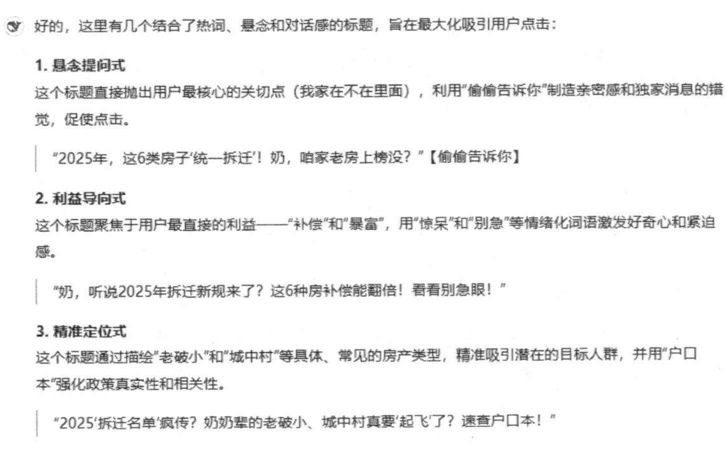

图 3-10

除了上述示例，还可以通过向AI提供以下几种热词式标题的提示词模板，从而满足用户的需求。

（1）围绕当前热点话题

• 请为[热点话题]撰写一个吸引眼球的热词式标题。

• 基于[最近热词]，生成5个适合社交媒体的标题。

（2）结合特定领域的流行趋势

• 请根据[领域]中最新的流行趋势，创作一组热词式标题。

• 针对[目标受众]，使用热词创作3个标题，适合[平台/用途]。

（3）引入热点与行动导向

• 请为一篇关于[主题]的文章撰写3个引人关注的热词式标题，鼓励读者采取行动。

• 将[关键词]与[目标读者的兴趣]结合，创作5个高点击率的标题。

（4）对话式/提问式引入热词

• 使用热词[热门关键词]，生成3个吸引用户点击的对话式标题。

• 创建5个以[热词]为核心的提问式标题。

（5）结合时效性和实用性

• 基于当下热点[热词]，生成4个具有实用性的标题。

• 请为[近期流行趋势]撰写适合文章分享的热词式标题。

3.3.4　使用AI撰写疑问式标题

扫码看教学视频

疑问式标题是一种以提问的形式呈现的标题类型，旨在激发受众的好奇心和参与感。它通过设置问题引导读者对内容产生兴趣，从而推动用户点击、阅读或观看。下面对疑问式标题的特点和使用DeepSeek撰写疑问式标题的操作步骤进行详细介绍。

1. 疑问式标题的特点

（1）激发好奇心

疑问式标题通过抛出问题，让受众在潜意识中产生“我要找到答案”的心理。例如：

“为什么越来越多的年轻人开始喜欢清晨跑步？”

“在减肥饮食中，晚餐到底该怎么吃？”

（2）引导情感共鸣

通过提问的方式，引发受众对某个话题的认同或反思。例如：

“你是否也感受到工作中越来越多的焦虑？”

“真正的友情需要时常联系吗？”

（3）内容指向性明确

疑问式标题通常指向内容的核心问题，让读者能够快速了解文章或视频的主题。例如：

“电动车市场的下一个风口会在哪？”

“学习效率低下，是因为方法错了吗？”

（4）制造悬念感

在标题中设置悬念，使用户产生迫切想要了解详情的心理。例如：

“为什么有人说，这本书改变了我的人生？”

“失眠多梦的背后，可能隐藏了什么健康问题？”

（5）灵活使用对话语气

疑问式标题的提问形式更加贴近用户，常带有交流性质。例如：

“你知道养生的最佳时间点吗？”

“如果月薪1万，你会选择存钱还是消费？”

2. 使用DeepSeek撰写疑问式标题

在使用DeepSeek撰写疑问式标题时，需注意提示词的清晰度和具体性，因为模糊的提示可能导致生成的标题不够精准。因此，在撰写疑问式标题时，应明确主题、目标受众和问题的核心点，以便生成符合需求的内容。下面介绍利用DeepSeek撰写疑问式标题的具体提示词和回复。

01 打开DeepSeek，在提示词输入框内输入提示词“为关注健康饮食的受众撰写3个疑问式标题”，如图3-11所示，单击输入框右下角的发送按钮，将提示词发送给DeepSeek。

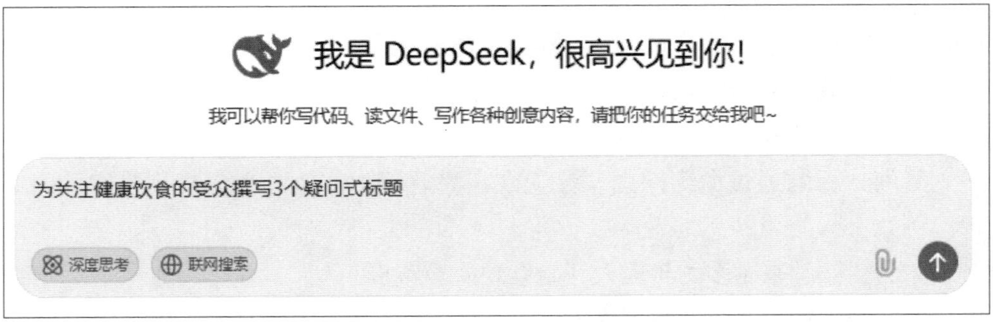

图 3-11

02 执行操作后，稍等片刻即可得到DeepSeek的回复内容，如图3-12所示。

当然，以下是3个为关注健康饮食的受众精心设计的疑问式标题，旨在引发共鸣、激发好奇心和阅读欲：

---

1. **「你真的吃对了吗？盘点那些被误读的“健康食品”」**
—— 直击受众核心关切，挑战固有认知，揭露日常饮食中可能存在的误区，吸引读者一探究竟。

2. **「如何吃出活力？给忙碌者的科学饮食方案」**
—— 针对现代人生活节奏快的特点，以解决方案为导向，用“科学”增强可信度，满足受众对实用性的需求。

3. **「超级食物是智商税吗？营养师教你理性“拔草”与“种草”」**
—— 借用网络热词“拔草”“种草”，以争议性话题切入，吸引受众关注，并承诺提供专业、客观的解读。

图 3-12

除了上述示例，还可以通过向AI提供以下几种疑问式标题的提示词模板，从而满足用户的需求。

（1）职场领域

提示词：

“生成3个适合职场新人阅读的疑问式标题。”

生成标题：

“为什么同样努力工作，你却总是被忽视？”

“入职半年还没有升职，问题出在哪里？”

“职场新人需要参加哪些培训才能快速成长？”

（2）科技领域

提示词：

“结合人工智能撰写3个疑问式标题。”

生成标题：

“AI能真正取代人类的工作吗？”

“AI生成的内容，为什么越来越像人类？”

“如何利用人工智能快速完成烦琐的任务？”

（3）教育领域

提示词：

“为家长提供3个关于孩子教育问题的疑问式标题。”

生成标题：

“为什么孩子的成绩总是提不上去？”

"孩子讨厌学习，家长该怎么办？"

"课外补习真的有用，还是浪费时间？"

（4）热点新闻

提示词：

"结合'房产拆迁'的热词生成疑问式标题。"

生成标题：

"2026年，这些房子真的会统一拆迁吗？"

"为什么说拆迁可能是普通家庭的最大机遇？"

"哪些地区的房子最有可能被列入拆迁计划？"

3.3.5 使用AI撰写对话式标题

扫码看教学视频

对话式标题是一种通过模拟对话形式提问的方式来吸引读者注意的标题类型。下面对对话式标题的特点和使用DeepSeek撰写对话式标题的操作步骤进行详细介绍。

1. 对话式标题的特点

对话式标题通常以直接与读者沟通的方式呈现，给人一种亲切感和互动感，从而促进他们点击并阅读文章内容。

（1）使用第二人称（"你"）

对话式标题通常采用第二人称来与读者进行直接对话，拉近与读者的距离，增加亲切感。

例如："你准备好迎接职场挑战了吗？"或"你每天坚持喝水了吗？"

这种方式让读者感觉到标题是在和他们说话，更容易引起他们的注意并激发他们产生共鸣。

（2）亲切和互动感

对话式标题通常比传统的陈述句更显得友好，能让读者觉得自己是话题的一部分，增加文章与读者之间的互动。

例如："你也有这种困扰吗？解决方法在这里！"这种互动感会促使读者思考自己是否也有类似的问题。

（3）具有启发性和提问性

很多对话式标题通过提出问题，激发读者的好奇心和思考的欲望。人们对问题的答案充满好奇，标题中的问题往往让人想进一步了解。

例如："你知道怎么有效提高工作效率吗？"这种问题性标题会让读者想知道答案，从而点击文章。

（4）引导情感反应

通过对话式标题，能够唤起读者的情感反应，比如共鸣、认同或惊讶，使得标题更加生动和有感染力。

例如：“你是不是也有过这种失败的经历？我们一起看看解决办法。”

2. 使用DeepSeek撰写对话式标题

在使用DeepSeek撰写对话式标题时，需注意标题的语气要亲切自然，同时具备一定的互动性。在撰写AI提示词时，应明确指定希望标题与读者产生对话的语境，并尽量突出直接对读者提问或引发共鸣的特点。下面介绍利用DeepSeek撰写对话式标题的具体提示词和回复。

01 打开DeepSeek，在提示词输入框内输入提示词：“创建5个能让读者产生参与感的对话式标题，内容应直接问读者问题。”如图3-13所示，单击输入框右下角的发送按钮，将提示词发送给DeepSeek。

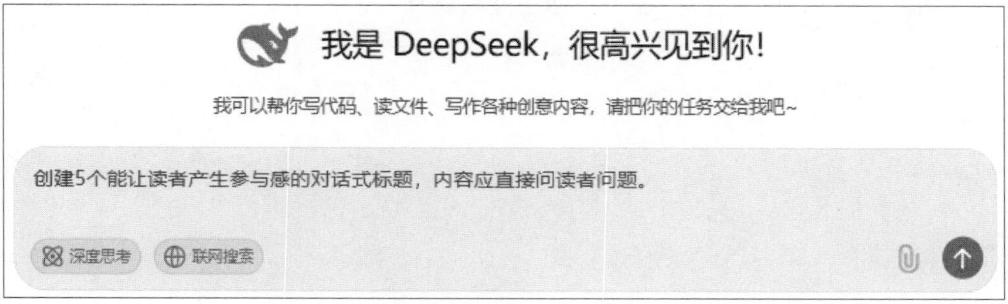

图 3-13

02 执行操作后，稍等片刻即可得到DeepSeek的回复内容，如图3-14所示。

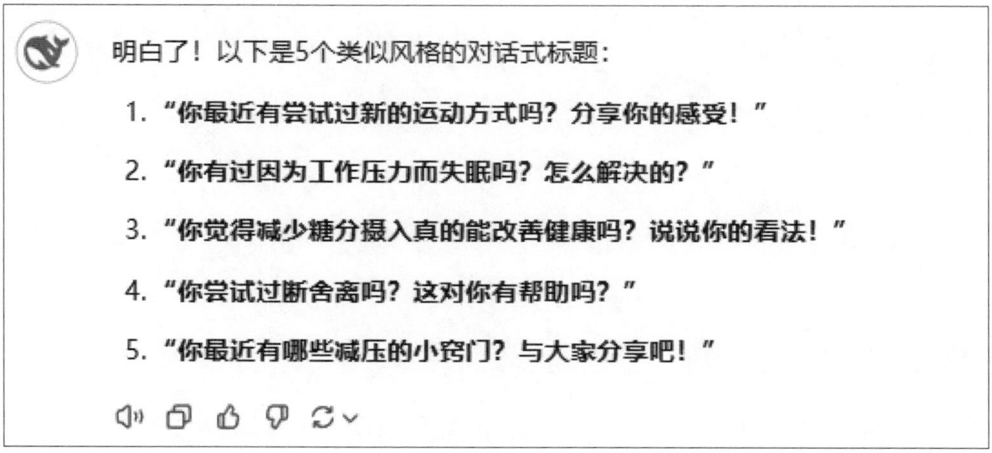

图 3-14

下面是一些生成对话式标题的提示词模板，大家可以参考这些内容生成相应的对话式标题。

（1）“写一个能够引发读者回应的对话式标题，要求具备互动感。”

回复：“你最喜欢的健康饮食方式是什么？来分享一下吧！”

（2）“生成一个通过提问吸引观众讨论的标题，要求带有对话感。”

回复：“你也曾尝试过这种高效工作法吗？分享你的经验！”

（3）“创建一个能让读者产生参与感的对话式标题，内容应直接问读者问题。”

回复：“你是如何平衡工作与生活的？告诉我们你的秘诀！”

（4）“生成一个带有轻松对话气氛的标题，能够与读者进行互动。”

回复：“你是否也遇到过这样的职场困扰？一起来聊聊吧！”

（5）“写一个直接提问读者生活习惯的对话式标题。”

回复：“你每天吃多少蔬菜？你的健康饮食习惯是什么？”

第 4 章

文案写作：AI 赋能高效内容生产

你是否曾为绞尽脑汁构思文案却难以找到灵感而抓狂？在信息爆炸的时代，精致的文案内容往往能迅速抓住受众的眼球，但想要创作出高质量的文案内容并非易事。借助AI强大的语言生成和学习能力，文案创作者不仅可以节省时间，还能突破传统思维局限，探索更多的创意可能性。

4.1 AI 文案的基础知识

想要充分发挥AI的潜力，了解其基础知识是必不可少的一步。什么是AI文案？它是如何生成的？我们如何利用它提升写作效率？本节将详细介绍AI文案的核心定义、优势与局限性等，帮助你更好地掌握利用AI创作文案的方法。

4.1.1 AI文案的核心定义

AI文案是指利用人工智能技术生成或优化的文本内容，旨在满足特定的写作需求，例如广告推广、产品描述、社交媒体发布、邮件撰写等。通过对语言模型的训练，AI可以模拟人类写作的语言风格、语法结构及创意思维，快速产出高质量的文案内容。

1. 核心定义的3个关键要素

（1）基于数据训练的智能生成

AI文案工具基于规模庞大的文本数据进行训练，涵盖了各种语言模式和风格。通过深度学习算法，AI可以理解语境、捕捉关键词并生成符合要求的内容。例如，AI大模型可以根据提示语，生成逻辑流畅、语言自然的文案。

（2）满足特定目标的内容创作

AI文案的最大优势在于其目标导向性。无论是需要吸引用户点击的标题，还是具备说服力的广告语，AI都能够根据输入的目标快速生成符合预期的内容。

（3）动态调整与优化

AI文案不仅可以生成初稿，还可以根据反馈不断优化。例如，通过A/B测试的结果调整内容，或者根据用户的需求优化措辞，使文案更加精准地触达目标受众。

2. AI文案与传统文案的区别

AI文案和传统文案在创作方式、应用场景、效率及成本等方面有明显区别。如表 4-1所示为在几个关键维度对AI文案和传统文案进行详细对比。

表 4-1

对比维度	AI文案	传统文案
创作方式	- 基于大规模数据训练，利用算法驱动生成内容	- 依赖创意、经验和市场洞察手工撰写
	- 快速生成内容，逻辑性强，适合重复性任务	- 更具人文特色和情感深度，强调独特性和原创性

续表

对比维度	AI文案	传统文案
创作效率	- 秒级生成，适合批量化需求	- 创作时间较长，需数小时甚至数天完成
	- 可连续工作，不受疲劳影响	- 易受疲劳影响，大批量任务效率低
创意深度与情感表达	- 擅长结构化内容，情感表达和深度有限，可能显得“技术化”或“模板化”	- 深入挖掘用户心理，融入真实情感，内容更有感染力和记忆点
成本与资源投入	- 一次性开发或订阅成本高，生成内容的边际成本低	- 持续投入人力资源，资深创作者费用高
	- 减少大量人力资源需求，适合预算有限的项目	- 资源和时间消耗较大，但内容质量和深度更高

3. 适用场景

AI文案的使用场景越来越广泛，涵盖了多个行业和领域。下面对一些典型的AI文案使用场景进行详细介绍。

（1）电商平台文案

产品描述：AI可以根据产品的特点、用途、规格和市场需求，快速生成一系列高质量的产品描述，确保每个商品页面都能有风格一致且吸引人的介绍，减少人工创作的工作量。

广告文案：自动生成电商广告的标题、促销文案和活动宣传语，帮助商家提高广告投放的效果和点击率。

SEO：AI能够根据关键词分析自动生成符合搜索引擎优化（SEO）规则的文案，提高网站在搜索引擎中的排名。

（2）社交媒体内容

内容创作：AI可以为品牌生成日常的社交媒体文案，包括短文本、图片说明、视频标题等，快速响应市场变化和用户的需求。

互动文案：通过AI分析用户互动数据，生成吸引用户参与的互动式文案，如投票、评论、活动预告等。

（3）博客和文章

文章撰写：AI能够根据关键词和话题生成结构化的文章和博客内容，适合需要大量内容的行业，如科技、教育、健康等。

内容优化：通过自然语言处理（NLP）技术，AI可以自动对文章进行语法、句式、流畅性等方面的优化，提高内容的质量。

摘要生成：AI能够从长篇文章中提取关键信息，生成摘要，帮助读者快速了解文章要点。

（4）广告与营销文案

标题创作：AI能为各种广告素材自动生成多种标题，从而方便创作者选择最具吸引力、点击率最高的版本。

邮件营销：AI可以生成高转化率的邮件主题和内容，根据客户历史行为和偏好进行个性化推荐，提升邮件营销效果。

个性化推荐：AI利用用户的浏览和购买数据，自动为用户推荐适合的产品或内容，并生成相应的文案。

4.1.2 AI文案的优势与局限性

AI文案，即人工智能文案，是指运用人工智能技术，通过机器学习和自然语言处理（NLP）等技术自动生成或辅助生成文本内容的工具。它依照客户输入的关键词、主题或需求，快速生成符合特定风格、语气和内容需求的文案。下面对AI文案的优势和局限性进行详细介绍。

1. AI文案的优势

（1）高效性与快速生成

AI文案工具能够迅速生成大量文案，不受时间和精力的限制。用户只需提供一些基本的输入，AI即可在几秒钟内生成多种文案版本。对于需要大规模内容生产的场景（如电商产品描述、广告文案、社交媒体推文等），AI能大大提高工作效率。

（2）一致性与标准化

AI生成的文案可以保持一致的语气、风格和格式。这对于品牌营销非常重要，确保在多渠道、多平台上的文案风格统一，帮助品牌形成明确、专业的形象。

（3）节省成本

相比雇用专业的文案写作人员，使用AI生成文案的成本较低。对于小企业和中小型团队，AI文案可以帮助他们节省大量人力和时间成本。

（4）个性化与定制化

通过分析用户数据，AI可以生成高度个性化的文案。例如，AI能够根据用户的兴趣、行为、购买历史等数据，创作出更具吸引力的广告或推文，精准触及目标受众。

2. AI文案的局限性

（1）缺乏创造性与深度

尽管AI可以模仿和生成各种风格的文案，但它仍然缺乏真正的创造力。AI生成的文案通常是基于历史数据和模式的总结，缺乏真正创新的思维和独到的见解。例如，AI生成的广告文案可能会很标准化，缺乏独特的创意。

（2）情感表达不足

AI虽然能模拟情感，但它对情感的把握往往不如人类灵活和深刻。对于需要引发情感共鸣、让人感动或具有幽默感的文案（如感性广告、品牌故事等），AI可能把握不准，其生成的文案可能缺乏深度和真实感，容易显得机械和生硬。

（3）对文化和语境的理解有限

AI的文案生成能力受限于其训练数据。对于一些特定的文化背景或复杂的语境，AI可能无法准确理解并做出合适的文案调整。例如，在进行跨文化传播时，AI生成的文案可能不符合当地的文化和社会规范，导致理解出现偏差或不适宜的表达。

（4）对数据的依赖

AI的表现严重依赖其训练数据的质量和广度。如果训练数据不完整或有偏差，AI生成的文案可能会存在误导或偏见。尤其是在特定行业或专业领域，AI文案可能缺乏必要的行业知识和背景信息，导致生成的内容不够精准或具有误导性。

（5）SEO和关键词优化的局限

虽然AI可以根据输入的关键词生成文案，但对SEO（搜索引擎优化）来说，AI文案可能无法完美符合所有的SEO要求。例如，AI可能无法灵活地在文案中恰当地嵌入关键词、调整关键词密度，或做出更加细致的SEO策略优化。

（6）法律与伦理问题

AI生成的文案有时可能会无意间涉及版权问题或违反伦理道德。例如，AI可能会在生成文案时不小心抄袭已有的创意，或生成带有歧视性、不恰当的内容，这需要额外的审查和监管。

4.2　短视频带货文案的生成技巧

短视频作为当下最具活力的内容传播形式，已经深刻改变了消费者的购买方式。而短视频带货文案的质量，则直接决定了营销效果和转化率。本节将重点介绍短视频带货文案的创作技巧，帮助大家在激烈的竞争中脱颖而出。

4.2.1 爆款电商文案的四大关键元素

一篇优秀的电商文案，就像是一位出色的推销员，能够瞬间抓住消费者的眼球，激发他们的购买欲望。本节介绍爆款电商文案的4大关键元素。

1. 吸引注意力的开头

文案的开头部分是吸引用户继续阅读或观看的关键，能够迅速传递产品与用户的关联性，激发其购买兴趣。

（1）特点

- 开头直击用户需求或痛点。
- 使用引人入胜的问题、场景化描述或夸张的陈述。
- 创造一种“我需要了解更多”的心理驱动力。

（2）示例文案

- “你还在为厨房卫生烦恼吗？一款神器，轻松搞定！”如图4-1所示。
- “总是睡不够？这杯健康饮品让你活力满满每一天。”

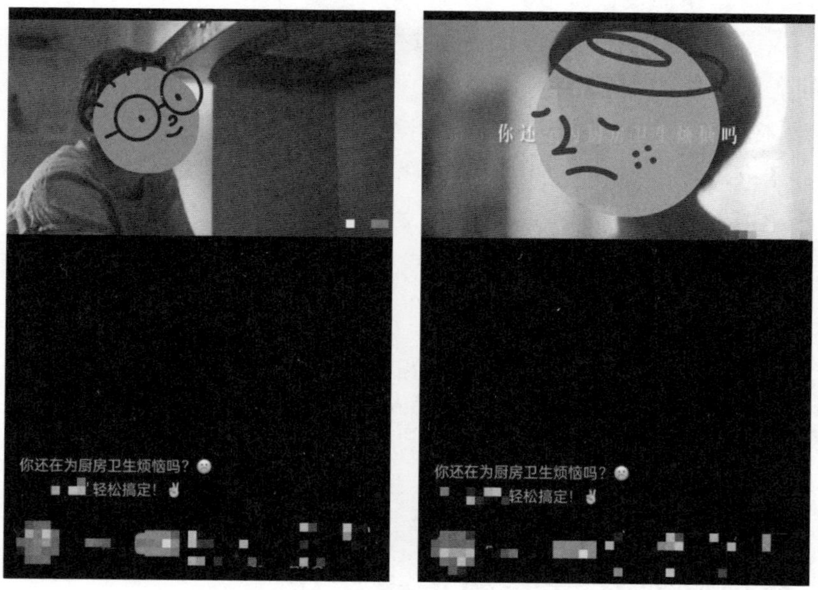

图 4-1

2. 明确产品核心价值

文案的核心部分需快速、准确地传递产品的独特卖点，直观地展示对用户的价值。

（1）特点

- 突出产品的功能、特点或优势。

- 通过简单、直白的语言说明产品解决了哪些问题。
- 增加信任元素，如数据、案例或用户反馈。

（2）示例文案

- “采用最新科技，每分钟清洁高达300次，不放过一丝灰尘！”
- “0脂肪，无糖酸奶，12种益生菌……给你健康美味。”如图4-2所示。

图 4-2

3. 情感共鸣与场景化表达

在文案中加入场景化描述和可以产生情感共鸣的内容，有助于用户更直观地感受到产品的实际作用和带来的美好体验。

（1）特点

- 将产品融入用户的生活场景，拉近距离。
- 描述具体使用情境，帮助用户“代入”体验。
- 引发情感共鸣，让用户认同产品的价值。

（2）示例文案

- “家里终于迎来了周末的阳光，煮上一杯香浓咖啡，让一天的好心情从这里开始。”

• “自从有了这台作业帮学习机，再也不用担心孩子的学习了！……”如图4-3所示。

图 4-3

4. 引导行动与营造紧迫感

文案的结尾需明确地告诉用户下一步该怎么做，同时通过营造紧迫感刺激购买行为。

（1）特点

• 明确产品的优惠或稀缺性，如“限时”“库存不足”等。

• 引导用户采取具体行动，如“点击购买”“立即下单”。

• 使用具有行动导向的语言，激发用户消费的动力。

（2）示例文案

• “限时秒杀！数量有限，抢完即止！”如图4-4所示为采用类似形式撰写的文案。

- “立即购买，享受免费配送，给自己和家人一份安心的选择。”

图 4-4

4.2.2　AI赋能带货文案的三大技巧

如何利用AI技术赋能带货文案，使其更加精准、高效、吸引人，已经成了众多电商从业者和营销人员关注的焦点。下面是AI赋能带货文案3大技巧的详细说明。

1. 使用受众画像精准定位文案

AI可以根据输入的受众画像生成有针对性的文案。通过了解消费者的兴趣、年龄、性别等数据，AI可以帮助人们为不同受众群体量身定制带货文案，从而提高转化率。

（1）技巧应用

受众分析：为不同的受众群体设计个性化文案。

AI提示词：通过向AI提供受众的详细信息（如年龄、性别、兴趣等），让其生成精准、个性化的文案。

（2）示例

提示词：“请为25~35岁女性用户生成一个关于秋冬季节口红的带货文案，强调产品的保湿效果和持久性。”

AI回复："每个秋冬，温暖红唇才最动人！这款口红不仅给你最亮丽的色泽，更有超强保湿效果，滋润一整天，告别干裂，让你从早到晚都闪耀动人！"

通过这种方式，AI根据特定的受众需求，定制了吸引女性消费者的文案，增强了受众的购买欲望。

2. 故事化与情感驱动：增加情感共鸣

AI能够通过情感驱动的文案策略，提高用户的参与度和购买欲望。通过讲故事的方式，AI不仅向用户介绍产品，还能够引发用户产生情感共鸣，推动用户做出购买决策。

（1）技巧应用

情感驱动：通过情感化的语言和故事化的叙述让消费者产生情感共鸣。

AI提示词：让AI生成包含情感元素和故事情节的文案，打动消费者。

（2）示例

提示词："为一款高端定制的香水生成带货文案，故事化叙述并强调产品的独特性和专属感。"

AI回复："每个人的独特魅力，都需要一款专属香水。这瓶香水，源自无数调香师的心血，每一滴都承载着个性与气质，带着你走入优雅的世界，成为别人无法复制的存在。"

通过情感化叙述，AI帮助品牌向消费者传递了香水的独特性，从而打动他们，刺激他们的购买欲望。

3. 营销语言与紧迫感：提高转化率

AI能够生成具有营销效果的语言，使文案更加简洁有力，直接激发消费者的购买欲望。通过结合优惠活动、限时折扣等手段，AI能够制造紧迫感，促进用户下单。

（1）技巧应用

营销语言：使用简洁明了、富有诱导性的语言，提高用户的购买欲望。

AI提示词：在生成文案时，加入促销信息、限时优惠等，提升转化效果。

（2）示例

提示词："为一款无线耳机生成带货文案，强调限时抢购和高性价比。"

AI回复："限时抢购！无线耳机全网最低价，今天下单立享8折优惠，错过就等明年！立即购买，享受无拘无束的音乐体验！"

这个文案通过制造紧迫感，提醒消费者优惠是有限时的，从而促使他们做出购买决策。

4.2.3 使用DeepSeek生成短视频带货文案

扫码看教学视频

DeepSeek以其强大的语言生成能力和丰富的场景适配功能，能够快速为不同类型的产品和受众生成个性化文案。从精准的产品描述到情感化的营销语言，再到制造紧迫感的促销词，DeepSeek为文案创作者提供了强有力的支持。下面是利用DeepSeek一键生成高转化率短视频带货文案的详情介绍。

提示：在使用DeepSeek生成短视频带货文案前，可以先通过表明身份+描述需求+提问要求的形式向DeepSeek介绍基本信息，下面以美妆行业为示例进行详细介绍。

我是一名美妆厂商，我想将自己的美妆商品，通过微信视频号以短视频带货的方式进行销售，我的美妆产品主要是保湿，为了进一步提升销量，我想邀请一些短视频博主录制一些产品宣传的短视频，协助我们进行品牌推广，请问你在短视频文案内容上有没有什么好的建议。

您好！非常荣幸能为您的品牌出谋划策。通过微信视频号博主进行带货，是一个非常精准且高效的策略。视频号背靠微信生态，能够实现“短视频内容+直播+私域转化”的完美闭环。

针对您品质保湿类美妆产品的特性，我为您构思了几套短视频文案方向和内容建议，希望能激发您的灵感。

一、核心内容方向建议

视频号内容的关键在于“价值”和“信任”。不能是硬邦邦的广告，而要是能解决用户痛点、提供情绪价值或知识价值的精彩内容。

1.痛点打击+效果见证（最直接有效）

目标：快速抓住目标客户，用强烈的前后对比建立信任。

文案框架：

开头（抓眼球）：“你是不是也这样？每天勤勤恳恳护肤，一上妆还是卡粉起皮？”（镜头对准博主干燥起皮的皮肤特写）

痛点共鸣：“换季皮肤敏感，红痒干纹都来了，再贵的粉底都救不了！”（博主做出烦恼的表情）

引入解决方案：“直到我遇到了它！【您的产品名】，真的把我从干燥地狱里救出来了！”（产品惊艳亮相）

效果演示：

即时效果：挤出一泵产品，特写其质地（水润、拉丝、爆水珠等），快速涂抹在half face（半张脸）上，对比两侧皮肤的光泽度和水润感。

上妆测试：在使用了产品的一侧和未使用的一侧分别上粉底，展示“一边服帖奶油肌，一边卡粉斑驳”的惊人对比。

结尾（促转化）：“链接就在视频左下角，现在下单还送××小样！告别卡粉，今天就

搞定！”（引导点击小黄车）

2.成分科普+专业背书（建立品牌权威）

目标：吸引成分党、理性护肤用户，提升品牌专业形象。

文案框架：

开头（设问）：“你知道为什么你的皮肤锁不住水吗？90%的人都缺了这个关键成分！”（引发好奇）

知识科普：博主拿起产品，指向成分表：“看，我们常见的保湿剂是甘油、玻尿酸，但这瓶里面的【您的核心成分，如依克多因、蓝铜胜肽、泛醇等】，才是深层修护皮肤屏障、长效锁水的王牌！”

原理可视化：用动画或简单图表展示该成分如何像“小水库”一样在皮肤底层抓水、锁水。

亲身证言：“我作为敏感肌，用它一周后，皮肤泛红明显减少了，而且一整天都水水嫩嫩的，摸上去再也不粗糙了。”

结尾：“护肤要懂成分，才不花冤枉钱。真正有效的保湿，就在左下角。”

3.多场景体验（拓展使用场景，吸引更广人群）

目标：展示产品的多种用途，打破“保湿=护肤”的单一印象。

内容创意：

妆前打底：“暴风测试！用它做妆前乳，再上DW这种‘魔鬼’粉底液，看！是不是服帖到尖叫？”

夜间修护：“睡前厚涂当睡眠面膜，第二天早上起来，脸嫩得像剥了壳的鸡蛋！”

混合救急：“觉得粉底液太干？滴一滴这个进去，秒变水润版，拯救你的闲置粉底！”

旅行必备：“飞机上干燥？带这一瓶就够了，随时随地补水保湿。”

男士可用：“给你男朋友/老公用，他再也不会嫌护肤步骤麻烦，一瓶搞定干燥紧绷。”

4.沉浸式护肤体验（营造高级感和情绪价值）

目标：吸引注重生活品质、追求疗愈感的用户。

文案框架：

氛围营造：视频全程无口播或轻声细语，搭配舒缓的ASMR音乐。

特写镜头：极致特写产品摇晃的质感、打开瓶盖的瞬间、精华流动的丝滑感、涂抹时皮肤吸收的过程、水光粼粼的效果。

文案字幕：“聆听水分的声音”、“让肌肤喝饱水”、“一场关于滋润的仪式感”。

结尾：简单打出产品名和slogan，如“【品牌名】，定义你的水光肌。”

二、给博主的合作建议

1.博主选择：

垂直领域优先：美妆、护肤、种草类博主是最佳选择。

调性匹配：选择视频风格、粉丝群体与您品牌调性（如：专业、清新、高端、平价好用）相符的博主。

查看数据：关注其视频的完播率、点赞评论互动质量，而不仅仅是粉丝数。

2.脚本自由度：

提供清晰的产品卖点（FAB：特性、优势、利益点）和核心信息，但给予博主足够的创作空间，用他们自己的语言和风格来表达，这样更真实可信。
3.合规性：
确保博主在视频中明确标注“广告”或“合作”字样，遵守《广告法》和平台规则，避免虚假夸大宣传（如“第一”、“最”等极限词）。
三、一个万能文案模板（供参考）
（开头：抓眼球）姐妹们！如果你们还在为【具体痛点，如：上妆卡粉】烦恼，这期视频一定要看完！
（共鸣：拉近距离）我以前也是，尤其是【具体场景，如：换季、熬夜后】，皮肤干到怀疑人生。
（引入产品：惊艳感）但就是这个【您的产品名】，彻底改变了我的护肤体验！看这个质地（特写），一抹化水，瞬间吸收！
（核心演示：证言+对比）我连续用了×天，最直观的感觉就是【具体效果，如：皮肤摸上去软软的、上妆再也不卡粉、带妆8小时依然水润】。给你们看我最真实的对比图/上妆测试（展示对比）。
（成分/理念背书：建立信任）因为它里面添加了【核心成分】，能做到【核心功效】，而不是表面功夫。
（结尾：促转化）链接我已经放在视频左下方小黄车了！现在下单还有【优惠活动】！相信我，这款【产品名】绝对是干皮亲妈，混皮救星！赶紧去冲！

希望这些详细的建议能对您的品牌推广有所帮助！祝您销量长红！

参考上述文案内容，再结合需求与框架，组合成提示词让DeepSeek为你生成短视频文案，下面介绍具体的提示词和回复。

很好，请你来写一篇短视频口播稿，品牌名称为晨露润颜，潜在目标用户为16至40岁的女性，产品有补水保湿、护肤、修复毛孔功能，要求文案生动有趣，本月复购该产品还可享受八折优惠价。

我们邀请了短视频博主Kima，文案需贴合博主自身的体验，且需要中英文两个版本。

好的，没问题！非常乐意为您的品牌“晨露润颜”和博主Kima量身打造一篇生动有趣、贴合用户体验的中英文双语口播稿。
这篇文案将结合Kima的个人体验，突出产品核心卖点，并以自然的方式引导转化，强调本月复购优惠。
短视频口播稿（中文版）
（视频开头：Kima素颜特写，皮肤略显干燥，或许有一两颗痘印，她对着镜头做出“烦恼”的表情）
Kima：“姐妹们！救大命了！你们有没有过这种经历：晚上勤勤恳恳护肤一小时，第二天一上妆，照样卡粉卡到能夹死蚊子？说的就是我本人！”
（镜头切换：Kina拿起【晨露润颜】产品，展示其优雅的外观）

“直到我的化妆师闺蜜给我塞了这个——【晨露润颜】保湿精华！她当时原话是：‘Kima啊，试试这个，给你的脸灌点真正的水！’”

（镜头特写：挤出一泵精华，展示其清透拉丝的质地，在手上轻轻推开，瞬间化水吸收）

“哇哦～你看这个质地，绝不绝？像不像把清晨的露水收集起来了？一抹开就‘咻’地一下被皮肤吃进去了，一点都不粘腻！”

（镜头切换：Kima半脸对比演示。一半脸涂上产品，一半不涂，然后同时上粉底）

“来，给你们看最真实的测评！这边脸用了【晨露润颜】，这边没有。上同样的粉底……你们看！这边是天生好皮的‘奶油肌’，这边嘛……嗯……还是‘沙漠大干皮’。这个对比够不够粗暴直接？”

（镜头拉近：Kima对着镜头展示全妆效果，皮肤光泽透亮）

“而且我用了小半个月，最让我惊喜的是！我以前那些因为干燥而显眼的毛孔，现在都跟‘隐形’了一样！皮肤摸上去又滑又嫩，好像它真的能把水分‘锁’在皮肤底层，不是那种表面功夫哦。”

（镜头对准产品，屏幕下方弹出购物车链接）

“所以，所有觉得皮肤干、上妆不服帖、毛孔粗大的宝子们，听我的，去试试它！链接我已经给你们挂在左下角小黄车了！”

（Kima对着镜头，压低声音，做出“分享秘密”的表情）

“重点来了！这个月之内回购这瓶‘补水神器’，还能享受八折会员价！算下来巨划算，四舍五入就是又省下一杯奶茶钱给自己投资好皮肤了！”

（结束语：Kima挥手飞吻）

“赶紧冲吧姐妹们！爱你们哟～记得回来告诉我好不好用！拜拜！”

Short Video Script (English Version)

(Video opens with a close-up of Kima's bare face, looking slightly dry. She makes an exaggerated frustrated face at the camera.)

Kima: “OMG, guys. Emergency alert! Have you ever spent a full hour on your skincare routine at night, only to have your foundation look flaky and cakey the next morning? Yeah, that was me!”

(Cut to: Kima holding up the 【Morning Dew Hydra-Glow】serum, showcasing the bottle.)

“Until my makeup artist bestie shoved this in my hand—the 【Morning Dew Hydra-Glow】 Serum! She was like, ‘Kima, try this. It’s like giving your face a big drink of actual water!’”

(Close-up shot: She pumps out the serum, showing its watery, silky texture as it spreads and absorbs instantly on her hand.)

“Whoa, look at this texture! Isn't it insane? It’s like capturing morning dew. The second you spread it, it just `vwhoosh` sinks right in. Zero stickiness!”

(Cut to: A split-face demo. One side of her face has the serum, the other doesn't. She applies foundation to both sides.)

“Okay, real test time! This side has 【Morning Dew】, this side doesn't. Same foundation…

See?! This side is dewy ‘glass skin’ goals. This side… well… is still the Sahara Desert. Is this dramatic enough for you?”

(Close-up: Kima shows her full makeup look, skin glowing and radiant.)

“And after using it for almost two weeks, the biggest surprise? My pores, which always looked bigger when I was dry, are basically blurred! My skin feels so smooth and bouncy. It’s like it really locks the moisture in deep, not just sits on top.”

(The camera focuses on the product as the shopping link pops up on screen.)

“So, for everyone dealing with dryness, patchy makeup, or visible pores, trust me, try this! I’ve linked it for you in the little shopping cart down below!”

(Kima leans in, like she’s sharing a secret.)

“Here’s the tea! If you repurchase this ‘hydration hero’ within this month, you get an additional 20% OFF the member price! It's such a good deal. Basically, you're just investing the money you'd spend on a bubble tea into amazing skin!”

(Outro: Kima blows a kiss to the camera.)

“Go go go, guys! Love you! Let me know how you like it! Bye! ”

给您的执行建议：

1. 视觉化匹配：确保视频画面与口播文案严格对应，特别是质地特写、半脸对比、上妆效果等镜头，这是建立信任的关键。
2. Kima的演绎：鼓励Kima用她最自然、最活泼的语气来演绎，可以加入一些她个人的口头禅和小动作，让视频更具个人特色和真实性。
3. 字幕和标签：发布时，添加上精美的中英文字幕。并带上相关标签，如：
   #晨露润颜 #保湿精华 #补水 #干皮救星 #护肤 #美妆种草 #Kima推荐 #VideoAccount
4. 评论区互动：发布后，可以让Kima在评论区积极与粉丝互动，回答关于产品质地、味道、适用肤质等问题，进一步推动转化。

希望这篇精心为您打造的文案能助力【晨露润颜】大卖！

4.3　段子文案的生成技巧

段子文案指的是通过幽默、风趣、有创意的小故事、金句或对话形式撰写的文案，常用来吸引受众注意力、增强品牌记忆点并提升传播效果。这类文案以轻松有趣的风格为主，借助情节、笑点或共鸣感，拉近品牌与受众之间的距离。

4.3.1　高效创作娱乐型段子文案的要点

在短视频、社交媒体等内容平台兴起的背景下，娱乐型段子文案成了品牌传播和产品推广的重要工具。它不仅需要引起观众的注意，还要在短短几秒钟内迅速传递信息，并通过幽默、趣味的方式留给观众深刻印象。为了确保文案能够有效吸引受众并促使他们产生购买欲望，创作时必须注意以下几个关键要点。

1. 明确目标受众

在撰写娱乐型段子文案时，首要任务是理解并明确你的目标受众。不同群体的需求、兴趣和表达方式各不相同。为了让文案更有针对性，创作者需要对受众的生活方式、情感需求和消费习惯有所了解。例如，在面向年轻人群体时，可以采用更轻松、幽默的风格，而在面向职场人群时，可以适当加入一些职场幽默元素。

2. 简洁有力

娱乐型文案强调的是快速引发兴趣，因此要避免冗长的描述。与传统的广告文案不同，段子文案通常更注重节奏和短小精悍的表达。一句话就能打动受众，或者在笑点中穿插产品或品牌信息。简洁的表达不仅能帮助文案迅速吸引人们的注意，还能确保核心信息不被过度包装，避免了无关紧要的细节干扰。

3. 运用幽默元素

幽默是娱乐型段子文案的核心元素。它通过语言的趣味性和夸张的表现形式，打破常规的严肃与枯燥，带给观众一种轻松愉悦的观看体验。幽默的方式可以是戏谑、讽刺、夸张或者直接通过搞笑的语言来营造氛围。不同风格的幽默会与不同的受众产生共鸣，因此要根据目标群体的喜好调整幽默的方式和表达手法。

4. 利用悬念和反转

娱乐型段子文案需要有一定的戏剧性和悬念感，这样才能抓住观众的注意力并激发他们的好奇心。在文案创作中，设置一些意料之外的反转或者情节发展，能够激发观众的情绪反应，从而增加内容的吸引力。例如，在开头铺垫一个看似普通的故事情节，通过反转或者突发事件把情节带向高潮，这样不仅能够增加趣味性，还能让观众对内容产生深度关注。

5. 结合流行文化

借助当前的流行趋势、网络热词、社会热点等元素，可以让娱乐型段子文案更具时效性和传播性。当下的年轻人对流行文化和热点事件非常敏感，巧妙地将这些元素融入文案中，不仅可以增强共鸣，还能提升文案的亲和力和社会化传播力。例如，结合当下的热门综艺、网络流行语或短视频挑战等，会让文案显得更接地气，也容易让受众产生参与感。

6. 自然地融入品牌信息

尽管娱乐型文案的核心是趣味和幽默，但品牌信息的传达却是其最终目的。

因此，在创作时，品牌信息和产品卖点要自然地融入到段子内容中。避免将产品信息硬性植入，而应通过幽默的方式巧妙地将其融入情境或对话中，既不失趣味性，又能让受众潜移默化地接收到品牌的核心卖点。一个好的段子，不仅能够带来欢笑，还能为品牌塑造令人印象深刻的形象和良好的记忆点。

4.3.2　文心一言助力创作娱乐段子文案

在当下短视频和社交媒体的浪潮中，娱乐段子文案已成为吸引用户、提升内容传播力的关键。然而，创作出既幽默风趣又能贴合受众心理的段子并非易事。文心一言作为一款领先的AI创作工具，以其强大的语义理解和生成能力，为段子创作注入了更多灵感和可能性。下面将详细介绍使用文心一言生成娱乐段子文案的详细步骤。

扫码看教学视频

01 打开文心一言，在文心一言的输入框内输入提示词：“我正在运营一个娱乐类微信公众号，帮我创作一个关于‘假期加班’的娱乐段子，贴合当下职场年轻人的心态。要求：文案需贴近日常生活，便于读者代入情景。字数控制在100~150字，适当加入网络流行语或热点事件增强传播力，语气轻松幽默，适合娱乐类公众号受众阅读。”如图4-5所示。

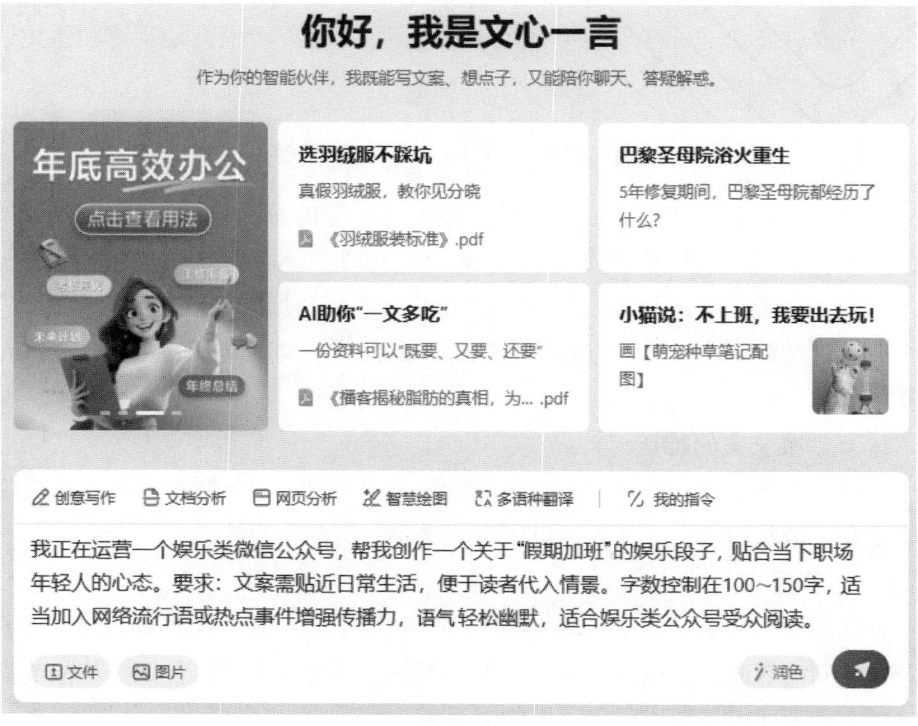

图 4-5

02 执行操作后，稍等片刻，即可得到文心一言的回复内容，如下所示。

标题：加班是假期的“开盲盒”

放假加班的我，总觉得假期是个骗局。办公室同事问我：“放假还加班，图啥？”我咬牙一笑：“图领导点赞！”

于是，假期第一天，我和同事在工位上沉默地对视，像两颗加班的苦瓜。中午点了外卖，结果小哥直接对我说：“姐姐，你是加班的吧，我今天送了五单，三单给你们公司。”

假期结束后，别人说的旅游攻略成了我的耳旁风，因为我的加班攻略才是真正的高光：怎么用一杯速溶咖啡和一包泡面，撑起整个加班夜班的“职场尊严”。

朋友圈发动态：“假期的意义不是玩，而是加班让你认识到假期多么重要！配图是一张加班完成的PPT。点赞最多的，还是领导。”

注：文案围绕“假期加班”展开，通过真实的职场细节和幽默化的表达展现职场年轻人的心理状态，增加共鸣感和趣味性。

4.4 其他热门文案的生成技巧

除了前面提到的短视频带货文案和段子文案，还有许多其他热门的文案形式。本节通过详细解析这些不同类型的文案，帮助创作者更好地理解和运用这些技巧。

4.4.1 AI生成互动类文案：引发用户参与

扫码看教学视频

互动类短视频文案旨在通过设计巧妙的文字等内容，激发观众的参与欲望，引导他们评论、点赞、分享，甚至直接互动。其核心在于拉近与受众的距离，通过强烈的代入感和开放式话题增加观众的参与感。下面对互动式文案的特点和使用DeepSeek撰写互动式文案的操作步骤进行详细介绍。

1. 互动类文案的特点

互动类文案以激发用户参与为核心，通过语言设计、场景设定和心理共鸣来促使受众主动与内容产生联系。以下是互动类文案的主要特点。

（1）激发参与感。

互动类文案的第一要义是激发受众的参与欲望，打破“观看者”与“内容创作者”之间的界限，让用户成为互动的一部分。这种文案通过提问、挑战或完成趣味任务的方式引导用户留言、点赞或分享。

例：“如果给你一天假期，你会选择宅在家还是出去嗨？评论区告诉我！”

（2）情感共鸣强。

互动类文案注重贴近日常生活或情感经历，抓住用户的痛点或兴趣点，让他们产生“这不就是我吗”的代入感。

例：“周一的你：A.打工人拼搏中，B.摸鱼摸到天荒地老。选一个，看看有多少人和你一样！”

（3）语言生动、轻松。

互动类文案常采用幽默、亲切的语气，拉近与受众的距离。网络流行语、表情符号等的使用让文案更贴合年轻人的交流习惯。

例：“2026年已上线，你的新年目标是A.暴富，B.暴瘦，C.暴吃暴喝。选一个冲评论区！”

（4）传播性强。

互动类文案设计的内容往往带有分享属性。它们不仅鼓励用户留言，还吸引他们分享给朋友，引发二次传播。

例：“转发给你的朋友，看看TA属于哪种拖延症患者！”

（5）操作引导明确。

互动类文案注重对用户行为的具体引导，例如“评论区回复”“双击点赞”“转发好友”等，帮助用户快速明白互动路径。

例：“说出你的春节必备零食，看看有没有‘神队友’和你一样！”

（6）贴近热点与流行语。

结合当下流行话题、热梗或流行语，更容易吸引用户注意，增强内容的时效性和趣味性。

例：“听说‘摸鱼’要列入非遗了？快来评论区贡献你的摸鱼大法！”

（7）内容形式灵活。

互动类文案可以多种形式呈现，包括问答、投票、情景假设、心理测试等，保持内容的新鲜感和吸引力。

例：“假如中了500万，你会选择A.环游世界，B.退休躺平，C.继续上班。评论区立刻告诉我！”

（8）结果反馈互动。

成功的互动类文案常通过反馈机制，让用户觉得自己的参与被看到，例如回复评论、点赞热门回答，增强参与者的满足感。

例：“上期评论区的神回复是：‘摸鱼冠军！’今天再问：‘春节你最怕听到哪句话？来吐槽！’”

前面介绍的对话式标题与互动类文案相似，但它们的功能和使用场景不同，为避免混淆，如表 4-2所示为两者的区别，以便读者能更好地区分，使用AI生成时有更明确的目标。

表 4-2

	互动类文案	对话类标题
目的	促进用户参与和反馈，增强互动	吸引用户点击和阅读，拉近距离
结构与表达	问题、任务、选择或测试形式	问句或假设开头，模拟对话
使用场景	社交媒体、短视频脚本、活动策划等	文章、视频、广告等内容的标题
时间节点	用户已关注或进入内容后	呈现于内容之前，作为吸引点击的手段
效果评估	参与率、留言数、转发量等	点击率、阅读率、留存率等
情感连接	建立情感联结，增强用户忠诚度	初步吸引注意，为后续操作打下基础

2. 使用DeepSeek生成互动类文案

在使用DeepSeek撰写互动类文案时，需要关注如何激发用户的参与感和共鸣。这要求人们在向AI提供提示词时，明确目标受众的兴趣点和行为习惯，并结合具体场景，如短视频评论引导、社交平台活动策划等。下面介绍利用DeepSeek撰写互动类文案的具体提示词和回复。

01 打开DeepSeek，在提示词输入框内输入提示词："为一款面向职场白领的减压瑜伽课程撰写互动类文案，目的是引导用户在评论区分享自己的职场压力来源，同时突出课程的轻松氛围。"如图4-6所示，单击输入框右下角的发送按钮，将提示词发送给DeepSeek。

图 4-6

02 执行操作后，稍等片刻，即可得到DeepSeek的回复内容，如图4-7所示。

【办公室肩颈爆炸？】3个瑜伽动作秒解压，评论区晒出你的压力源！

"PPT改到第8版，老板说用第一版"
"连续加班一周，咖啡当水喝"
"同事甩锅+客户已读不回，我裂开了"

别憋着！在评论区扔下你的职场压力炸弹
今晚8点来我们的直播课——【白领续命瑜伽】专场
偷偷教你：摸鱼式肩颈放松术+呼吸解压大法
老板察觉不到的工位微运动+正能量冥想

抽3位吐槽最狠的宝宝送瑜伽盲盒（附赠「屏蔽傻X」手环）
留言区已开放树洞模式（匿名也可放飞自我！）

#职场生存指南 #减压瑜伽 #今天你裂开了吗

图 4-7

下面介绍一些生成互动类文案的提示词模板，大家可以参考以下内容生成相应的互动类文案。

（1）"为一款新品奶茶撰写互动类文案，目标是吸引年轻用户在社交平台上参与投票或评论，突出新品的创意口味。"

（2）"为一个宠物用品品牌撰写互动类短视频文案，目标是激发用户分享自己与宠物的趣味瞬间。"

（3）"为一个公益环保活动撰写互动类文案，目标是引导用户上传参与环保活动的照片或故事。"

4.4.2　AI生成故事型文案：构建情感代入感

故事型文案是通过叙述一个完整或简短的故事，引发受众的情感共鸣和兴趣，从而更自然地传递品牌信息或产品特点。下面对故事型文案的特点和使用DeepSeek撰写故事型文案的操作步骤进行详细介绍。

扫码看教学视频

1. 故事型文案的特点

与传统的直接推销式文案相比，故事型文案更注重情感和体验，借助故事的情节、人物和冲突，将品牌信息潜移默化地传递给目标受众。下面是故事型文案的几个主要特点。

（1）情节性强。

故事型文案以完整的故事情节为核心，通常包含开端、发展、高潮和结尾等情节结构。通过叙述，让受众跟随故事情节的发展自然地接受信息。

示例：

一个加班到深夜的年轻人，回家后喝了一杯能量饮料，第二天精神焕发地完成了工作。

（2）容易引起情感共鸣。

利用人们熟悉的生活场景、情感体验（如感动、喜悦、焦虑等），使受众与文案中的人物或情节产生共鸣，从而增强品牌认同感。

示例：

新妈妈因为忙于照顾宝宝而忽视了自己，通过某款护肤品找回了光彩照人的状态。

（3）人物设定贴近受众。

故事型文案通常会塑造与目标群体相似的主人公，拉近与受众的心理距离。人物的经历和情感反应能够让受众产生代入感。

示例：

一个普通的上班族因为理财投资成功，实现了周末去海岛度假的梦想。

（4）潜移默化地传递信息。

故事型文案不会直接宣传产品，而是通过情节的推动，突出产品在情境中的作用，让受众不知不觉地接受信息。

示例：

在户外露营时，一款便携式净水器解决了所有饮水问题。

2. 使用DeepSeek生成故事型文案

在使用DeepSeek撰写故事型文案时，需注意其生成内容的逻辑性和情感共鸣性。首先，明确文案的目标受众和核心诉求，提供清晰的背景信息和人物设定，帮助AI理解故事情境。其次，补充具体细节，例如需要突出的品牌价值、产品优势或事件情节，以确保生成的故事既生动有趣又能传递关键信息。下面介绍使用DeepSeek创作故事型文案的具体提示词和回复。

01 打开DeepSeek，在提示词输入框内输入提示词：“为一个环保主题的家居品牌创作一段故事型文案。设定背景为一个普通家庭，他们逐渐意识到塑料制品对环境的危害，并通过使用环保家具改善生活。文案需传递品牌环保理念，并让读者感受到温馨与责任感。”如图4-8所示，单击输入框右下角的发送按钮⬆，将提示词发送给DeepSeek。

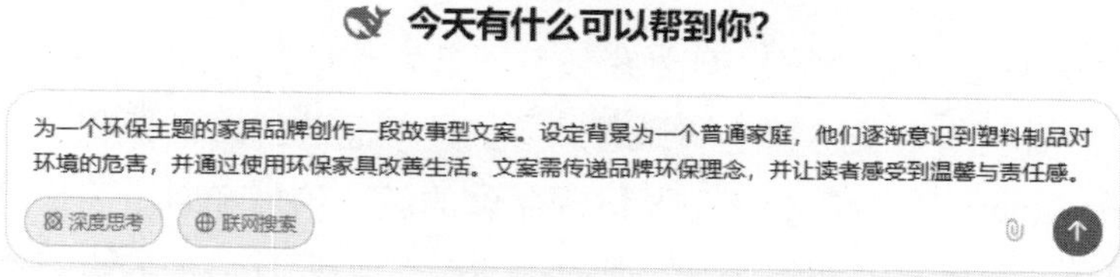

图 4-8

02 执行操作后，稍等片刻，即可得到DeepSeek的回复内容，如图4-9所示。

【一段藏在橡木纹路里的时光】

十年前搬家时，妈妈坚持要把那套发黄的塑料餐椅带走："还能用呢。"可它们总是在深夜发出吱呀的叹息，就像我们这个总在漏水的家。

直到那个周末，七岁的女儿突然从学校跑回来，举着海洋纪录片光碟说："爸爸，海龟鼻子里的吸管和我们家用的一样。"她睫毛上还挂着泪花，而窗台上那盆绿萝正把影子投在堆满塑料袋的角落。

那个夜晚，我们第一次计算全年消耗的塑料制品——当数字突破四位时，丈夫默默关掉了计算器。第二天清晨，阳光正好照进厨房时，他抱回来一把藤编餐椅，椅背上缠着品牌卡牌："每售出一件产品，我们将从太平洋回收同等重量的塑料。"

改变是从一把椅子开始的。

新来的竹制餐桌会呼吸般散发着清香，女儿喜欢趴在桌角写生字，说像在森林里写字。曾经堆满一次性水杯的橱柜，现在排列着玻璃收纳罐，婆婆送的黄豆和红豆在罐子里映出温暖的层次。最神奇的是，梅雨季时墙壁不再渗水——原来环保建材会自主调节湿度，像给房子穿了件会呼吸的棉麻衫。

今天下午，女儿在她第一张环保课手抄报上写："我家是地球的小卫士"。她用的彩色铅笔，是用回收牛奶包装盒做的，画里我们坐在燕麦色沙发上看书，那沙发填充着3000个回收塑料瓶重塑的纤维，却比云朵还要柔软。

或许真正的家就是这样：不是把所有自然装进屋子，而是让生活长成自然的样子。我们的家具会老去，会留下使用痕迹，但它们终将完整地回归土地，如同秋天离开枝头的叶子。而某个遥远的夏天，或许会有新芽从它们沉睡的地方探出头来，那时吹过地球的风，会带着我们今日选择留下的温柔。

青壤家居 | 让每个选择成为大地明天的呼吸

图 4-9

下面是一些生成故事型文案的提示词模板，大家可以参考这些内容生成相应的故事型文案。

（1）请为我创作一段故事型文案，主题是健康食品品牌。文案需要讲述一个忙碌的职场人士，长期面临身体疲劳和压力的困扰，直到发现了这个健康食品品牌。通过食用该品牌的产品后，他/她的身体逐渐恢复活力，并变得更加健康。在故事中要突出品牌的健康价值，传递出轻松、健康的生活方式。文案应当简洁、有感召力，让读者感受到品牌带来的正能量。

（2）请为我创作一段故事型文案，主题是健身器材品牌。文案需要讲述一位年轻人，因为工作繁忙和缺乏锻炼，体重逐渐增加。最终，他/她选择了这个品牌的健身器材，在家里锻炼，逐渐恢复了健康体态。文案要传递出健身对健康生活的积极影响，同时凸显品牌的便捷性和高效性。内容需要有激励性和感召力，鼓励受众采取行动。

（3）请为我创作一段故事型文案，主题是教育培训品牌。文案需要讲述一位职场人士，因职业瓶颈感到迷惘，通过参加这个品牌的培训课程，提升自己的技能并获得了升职机会。在故事中要体现品牌的教育价值和对个人发展的推动作用。文字应当具有启发性和鼓舞性，帮助受众认识到教育培训的重要性并激发他们的兴趣。

4.4.3 AI生成实用干货类文案：直击用户痛点

实用干货类文案指的是以直接、实用的方式向受众提供有价值的信息或技巧的文案。通常，这类文案的目标是帮助受众解决实际问题，提高效率或获取新的知识，内容具有高度的实用性，避免过多的宣传性语言，重点在于让受众获得立竿见影的收获。下面对实用干货类文案的特点和使用DeepSeek撰写实用干货类文案的操作步骤进行详细介绍。

1. 实用干货类文案的特点

干货类文案通过提供有价值、实际的内容来满足受众的需求，通常不偏重花哨的修辞，更注重内容的实用性和可操作性。下面是实用干货类文案的几个主要特点。

（1）信息密集：实用干货类文案强调通过简洁的文字传递尽可能多的有价值的信息。与娱乐、情感驱动的文案不同，它们注重内容的实际应用，帮助受众学到东西、解决问题或获得技巧。

（2）简洁明了：语言表达清晰、简洁，避免无关紧要的修辞和装饰。目的是让受众快速理解并能够应用这些信息。

（3）针对性强：这类文案通常有明确的目标受众，如职场人士、家庭主妇、学生等，内容针对特定群体的痛点或需求，帮助他们解决实际问题。

（4）步骤清晰：常见的形式是列出具体的步骤或操作指南，帮助受众轻松实施。例如：如何提高工作效率、如何养成健康习惯等。

（5）案例和实操性强：实用干货类文案常常通过案例来解释技巧或知识，或者提供实际的解决方案，避免空洞的理论讲解，让内容更加生动、有趣。

2. 使用DeepSeek生成实用干货类文案

在使用DeepSeek撰写实用干货类文案时，需注意明确突出用户的痛点问题，因为实用干货的核心在于解决实际问题。为了确保文案能够引起目标受众的共鸣，应提供足够的背景信息和具体需求，帮助AI准确理解并生成符合受众需求的内容。下面介绍使用DeepSeek创作实用干货型文案的具体提示词和回复。

01 打开DeepSeek，在提示词输入框内输入提示词："请帮助我写一篇关于如何快速提高工作效率的实用干货类文案，针对忙碌的职场人士，列出五个简单且易操作的技巧。"如图4-10所示，单击输入框右下角的发送按钮↑，将提示词发送给DeepSeek。

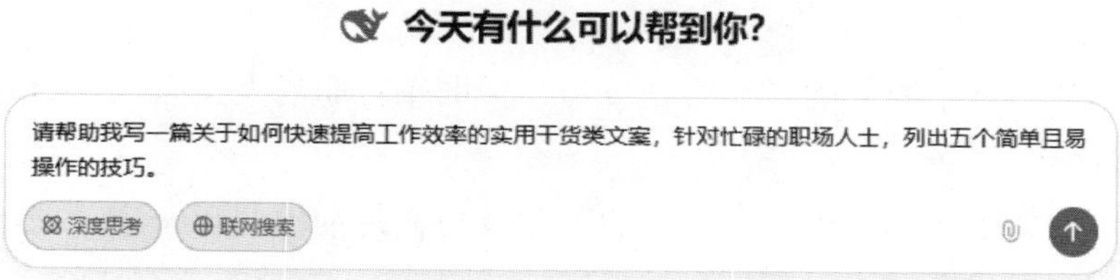

图 4-10

02 执行操作后，稍等片刻，即可得到DeepSeek的回复内容，如图4-11所示。

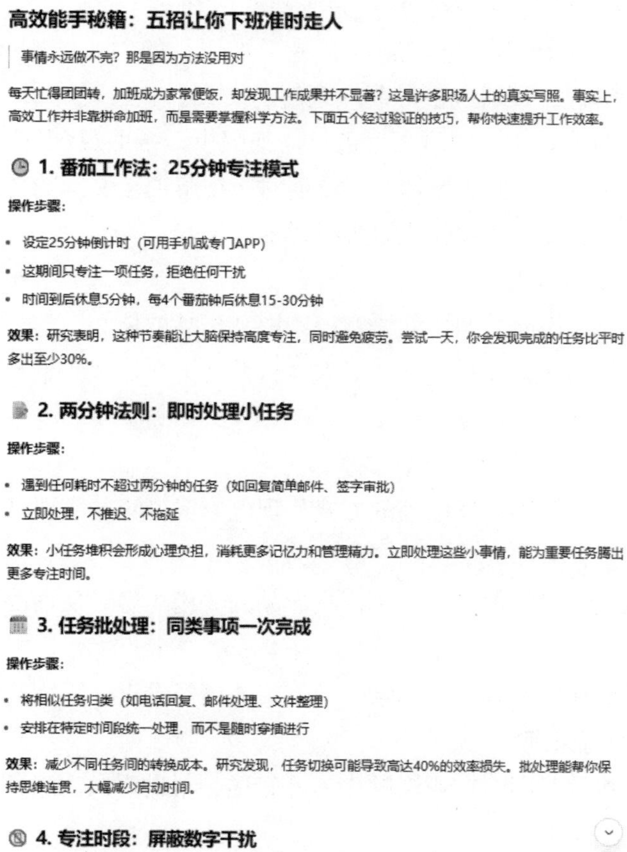

高效能手秘籍：五招让你下班准时走人

> 事情永远做不完？那是因为方法没用对

每天忙得团团转，加班成为家常便饭，却发现工作成果并不显著？这是许多职场人士的真实写照。事实上，高效工作并非靠拼命加班，而是需要掌握科学方法。下面五个经过验证的技巧，帮你快速提升工作效率。

1. 番茄工作法：25分钟专注模式

操作步骤：

- 设定25分钟倒计时（可用手机或专门APP）
- 这期间只专注一项任务，拒绝任何干扰
- 时间到后休息5分钟，每4个番茄钟后休息15-30分钟

效果： 研究表明，这种节奏能让大脑保持高度专注，同时避免疲劳。尝试一天，你会发现完成的任务比平时多出至少30%。

2. 两分钟法则：即时处理小任务

操作步骤：

- 遇到任何耗时不超过两分钟的任务（如回复简单邮件、签字审批）
- 立即处理，不推迟、不拖延

效果： 小任务堆积会形成心理负担，消耗更多记忆力和管理精力。立即处理这些小事情，能为重要任务腾出更多专注时间。

3. 任务批处理：同类事项一次完成

操作步骤：

- 将相似任务归类（如电话回复、邮件处理、文件整理）
- 安排在特定时间段统一处理，而不是随时穿插进行

效果： 减少不同任务间的转换成本。研究发现，任务切换可能导致高达40%的效率损失。批处理能帮你保持思维连贯，大幅减少启动时间。

4. 专注时段：屏蔽数字干扰

图 4-11

下面介绍一些生成实用干货类文案的提示词模板，大家可以参考以下内容生成相应的实用干货类文案。

（1）请提供五个简短且易于执行的生活小技巧，帮助忙碌的现代人提高生活品质，节省时间。

（2）为忙碌的职场人士提供五个简单的健康与健身建议，帮助改善体力、提高专注力。

（3）列出五个简单的财务管理技巧，帮助年轻职场人士有效理财，控制开支，增加存款。

（4）为新手父母提供五个有效的育儿技巧，帮助他们轻松应对孩子的成长问题。

（5）提供五个简单实用的饮食技巧，帮助忙碌的上班族保持健康饮食习惯，提高体力与精力。

4.4.4 AI生成影视解说类文案：让内容更吸引人

扫码看教学视频

影视解说类文案是对电影、电视剧或其他影视作品的内容、剧情、角色等方面进行解说、评析或引导观众理解的文案。它通过对影片中的关键情节、人物关系、主题思想等进行详细解析，帮助观众更好地理解作品的深层含义，提升观影体验。下面对影视解说类文案的特点和使用DeepSeek撰写影视解说类文案的操作步骤进行详细介绍。

1. 影视解说类文案的特点

影视解说类文案旨在用简洁明了的语言解读影视作品的核心内容，让观众在短时间内快速了解作品的精华或产生观影兴趣。这种文案在短视频平台、社交媒体上非常流行，以下是其主要特点。

（1）内容浓缩。

特点：影视解说类文案以高度浓缩的方式呈现电影或剧集的主要情节、主题和亮点，剔除冗余部分，抓住故事核心。

优势：观众可以在短时间内了解一部影视作品的关键内容，从而决定是否观看完整作品。

应用场景：快速概述影片剧情、总结一部剧集的精彩看点。

（2）叙述清晰、有条理。

特点：文案通常按照时间线或逻辑顺序展开叙述，帮助观众清晰理解复杂的情节和角色关系。

优势：让观众轻松跟随故事节奏，避免信息混乱。

应用场景：解读情节复杂的悬疑片或多线叙事的影片。

（3）情感渲染强烈。

特点：在解说中加入情感表达，如惊叹、感慨、幽默或批判，以增强内容感染力和观众的代入感。

优势：通过情感共鸣吸引观众注意力，让解说内容更具吸引力和娱乐性。

应用场景：解说感人至深的剧情片或让人捧腹大笑的喜剧片。

（4）视觉引导强。

特点：影视解说类文案通常与画面配合，通过精确的镜头选择和解说内容呼应，让观众更直观地理解剧情。

优势：结合画面解释情节，提升观众的沉浸感和观看体验。

应用场景：通过关键镜头回顾影片中的经典场面或精彩对话。

（5）结论性评价。

特点：在解说文案的末尾，通常会对影视作品做出总结性评价，包括推荐、吐槽或分析影片价值。

优势：帮助观众形成对影片的初步印象，甚至决定是否观看。

应用场景：为观众提供选片建议或引导观众讨论。

2. 使用DeepSeek生成影视解说类文案

在使用DeepSeek撰写影视解说类文案时，需特别注意提示词的准确性和清晰度。首先，要明确解说的目的，如吸引观众兴趣、总结剧情或提供深度解析；其次，提供影片的基本信息和目标受众偏好，以确保生成的文案能贴合用户需求。此外，由于DeepSeek无法实时获取最新影视信息，提示词中需包含具体的影片名称、核心情节或关键词，以便生成符合要求且精准的内容。下面介绍使用DeepSeek生成影视解说类文案的具体提示词和回复。

01 打开DeepSeek，在提示词输入框内输入提示词："以经典台词'生活就像一盒巧克力，你永远不知道下一颗是什么味道'为切入点，撰写一段关于电影《阿甘正传》的影视解说文案，语言需温暖、富有哲理，适合社交媒体传播。"如图4-12所示，单击输入框右下角的发送按钮，将提示词发送给DeepSeek。

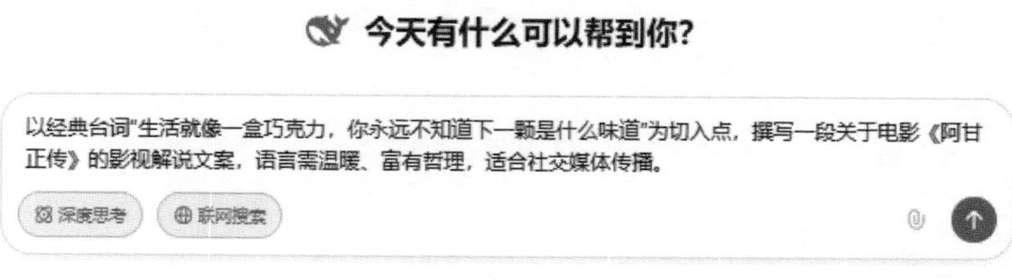

图 4-12

02 执行操作后，稍等片刻，即可得到DeepSeek的回复内容，如图4-13所示。

"生活就像一盒巧克力，你永远不知道下一颗是什么味道。"
——这句话不仅是《阿甘正传》里最温暖的台词，更是整部电影的灵魂。

阿甘的一生，就像一盒被命运轻轻推开的巧克力。他尝过苦涩：天生残疾、被嘲笑、失去挚爱；却也尝过甜味：成为橄榄球明星、越战英雄、乒乓球外交官、亿万富翁。但无论滋味如何，他从不抱怨，只是单纯地、执着地走下去。

电影用最温柔的方式告诉我们：生活从来不是选择题，而是一道阅读理解题。我们无法预知下一颗巧克力的味道，但却可以决定咀嚼它的态度。阿甘的"傻"，恰恰是一种大智慧——接纳无常，专注当下，把每一步都踩得坚实而有力量。

所以啊，亲爱的朋友，如果你正尝到苦味，请相信甜味就在下一颗。如果你正尝到甜味，请好好珍惜这一刻。人生没有标准答案，但爱与勇气，永远是尝遍百味后最回甘的底色。

#阿甘正传 #经典电影 #生活哲理 #温暖治愈

图 4-13

下面介绍一些生成影视解说类文案的提示词模板，大家可以参考以下内容生成相应的影视解说类文案。

（1）"为电影《肖申克的救赎》撰写一段影视解说文案，内容包括主要剧情梗概、核心人物关系，以及影片的主题意义。文案风格需要引人入胜，并在结尾留一个悬念，引发观众兴趣。"

（2）"撰写一段关于电视剧《绝命毒师》主角沃尔特·怀特的角色分析文案，着重解析他从普通教师到毒枭的心理变化。文案需简洁清晰，具有启发性，适合短视频解说使用。"

（3）"撰写一段对比电影《盗梦空间》和《源代码》的影视解说文案，分析两部影片在时间和空间叙事上的异同点，需专业且通俗易懂。"

（4）"为电影《寻梦环游记》撰写一段情感共鸣型解说文案，聚焦亲情和梦想主题，适合亲子内容推荐。"

第 5 章

脚本创作：打造热门短视频秘诀

脚本，作为短视频的灵魂，不仅是内容创意的蓝图，更是引导情绪、传递价值、吸引关注的不二法门。引人入胜的脚本、能够精准定位目标受众，以及巧妙编织的故事情节，让每一帧画面都充满张力，让每一句台词都直击观众的心灵。

5.1 视频脚本的基础知识

掌握视频脚本的基本知识，不仅能提升创作效率，还能确保最终呈现的内容更具感染力和专业性。本节将从脚本的类型和写作技巧等方面，全面了解视频脚本的基础知识。

5.1.1 脚本的类型

作为拍摄短视频的核心大纲与底本，短视频脚本的重要性不言而喻。尽管短视频时长有限，但其中每个场景的布局、每句台词的揣摩，都需经过精心设计与打磨。而那些拍摄与剪辑愈发精细的短视频作品，往往更能赢得用户的青睐与喜爱。

若将拍摄短视频比作建造房屋，那么脚本无疑就是那座房屋的详尽图纸。它不仅为短视频的拍摄与剪辑提供了一条清晰、精细的流程指导，更确保了整个创作过程的有序进行。短视频脚本主要有3种类型，分别是提纲脚本、分镜头脚本和文学脚本。

1. 提纲脚本

提纲脚本是为拍摄Vlog或纪实类短视频制定的拍摄要点清单，旨在帮助创作者明确核心内容。这种脚本形式广泛应用于以记录真实生活为主的纪实拍摄，素材来源于生活，真实呈现所见所闻。例如，景点讲解、街头采访、美食探访等视频常采用纪实拍摄手法。

由于拍摄前对现场情况和事件发展往往无法完全预知，摄影师难以精准策划详细方案。如果没有提纲的指导，拍摄可能缺乏逻辑性和条理性。因此，提纲脚本通过列出关键拍摄要点，为拍摄过程提供清晰的框架，确保视频质量。如图5-1所示为策划提纲脚本一般包括的4个步骤。

图 5-1

（1）确定主题。

确定主题是指在拍摄短视频前，明确短视频的选题和创作方向。一句话概括短视频的核心内容，清晰地传达短视频的拍摄目标。

例如，拍摄一条短视频，带领用户去体验一下北京南锣鼓巷都有哪些美食和乐趣。

（2）情景预估。

情境预估是指提前列出拍摄现场的情况或预见拍摄过程中可能发生的事件。

例如，南锣鼓巷可能会非常拥挤，有众多的美食店和特色店铺。在拍摄时，应重点关注2~3家具有代表性的美食店和娱乐店铺，展现其独特的吸引力。

（3）信息整理。

信息整理是指提前收集和学习与拍摄现场或与事件相关的背景知识，从而确保在拍摄过程中解说逻辑清晰、有条理。

例如，在拍摄南锣鼓巷时，需要了解其历史背景。南锣鼓巷及其周边曾是元大都的中心，明清时期更是贵族的聚集地，街巷里住满了达官显贵，王府豪宅众多。

（4）确定方案。

确定方案是指规划拍摄的具体步骤，方案通常包括3个关键要素：时间安排、拍摄场景和话术内容。

以南锣鼓巷为例，拍摄方案应具体明确每个环节的安排，确保拍摄过程中各部分顺畅衔接。具体的拍摄提纲如表 5-1所示。

表 5-1

时间线	拍摄场景	话　术
到达南锣鼓巷	拍摄南锣鼓巷入口	简要介绍南锣鼓巷的历史和景点
逛街时间	拍摄南锣鼓巷人山人海	介绍节假日南锣鼓巷的日客流量
找美食店	拍摄吉事果店铺并试吃	介绍吉事果并给出味道评价
逛精品店	拍摄精品店，介绍几款小商品	介绍巷子中店铺的情况
寻找故居	拍摄齐白石故居	说一说看见的故居情况
返程	拍摄南锣鼓巷出口	游玩经验总结

2. 分镜头脚本

分镜头脚本由多个元素构成，包括景别的选择、拍摄方法与技巧、镜头时长、画面内容、背景音乐等。它不仅呈现了整个故事的结构，还将故事中的情节转化为具体的镜头。每个镜头都需要详细说明各种细节，比如画面构图、光线运用、镜头运动、音效及字幕等。

分镜头脚本要求较高，因此一般短视频创作者可能会觉得较为复杂。但对于那些喜欢拍摄具有深刻故事性或文艺感视频的创作者，分镜头脚本是一种非常有用的工具。

例如，某个故事讲述的是一名大四学生参加足球校队的最后一场比赛。为了不留下遗憾，他为比赛做了充分的准备。该视频主要呈现的是男主角从更衣室到球场的途中，心情的复杂变化。其分镜头脚本安排如表 5-2所示。

表 5-2

镜头	景别	镜头	时长	画面	旁白	音乐
1	中景	固定镜头	5秒	换足球运动衣	今天是大学校队最后一场足球比赛	无
2	近景特写	推镜头	3秒	穿球鞋，系鞋带	为了今天的比赛特地穿上了这双进球最多的幸运球鞋	*The Mass*
3	全景	固定镜头	3秒	全身装备，推门走出更衣室	我一定要赢	*The Mass*
4	全景	跟着演员走	4秒	球场中的全场观众，双方部分球员在热身	队友都准备好了，对手看上去很强大，我要加油	*The Mass*
5	近景	固定镜头	3秒	中场开球画面，裁判吹哨子	终于开始了	*The Mass*

3. 文学脚本

文学脚本是一种将小说或故事改编为镜头语言的台本形式，适用于那些不需要过多剧情细节的短视频创作。与分镜头脚本相比，文学脚本更加简洁，通常用于教学类短视频、测评类短视频、拆快递类短视频等。

在文学脚本中，主要包含人物和物品的任务、台词、所选镜头及视频时长等内容，无须过多的细节描述。

例如，手机测试类短视频的拍摄脚本通常包括产品展示、功能讲解等要点，具体脚本安排如表 5-3所示。

表 5-3

任务	具体任务	话术框架
任务1	拆封新手机	刚到货的华为Pura80，今天为大家测试一下这款手机的性能怎么样，到底值不值得入手
任务2	描述手机外观	手机重量适中，屏幕为穿孔屏，机身很轻薄等
任务3	手机跑分对比	用测试软件给手机跑分，与苹果进行对比
……	……	……

5.1.2 脚本的写作技巧

在信息爆炸的时代，要想在影视和网络视频制作领域脱颖而出，编写出引人入胜且具有深度的脚本无疑是关键。那么，如何将灵感化为文字，创作出令人难忘的脚本呢？下面介绍7个脚本写作的实用技巧，帮你创作脚本。

1. 明确目标与主题

在写脚本之前，首先要明确视频的目标和主题，这意味着你需要清楚地了解以下几点。

（1）视频的目的是什么？是为了娱乐、教育、广告还是传播某种理念？

（2）主题是什么？你想表达什么核心信息？

（3）明确目标和主题有助于你在写作时保持焦点，避免插入无关的内容，使脚本更加紧凑和有力。

技巧如下。

（1）用一句话概括你的主题和目标，比如："通过幽默的方式介绍如何提高工作效率。"

（2）设定视频的目标观众，以帮助确定适合的语气、内容和风格。

2. 结构化脚本

好的脚本通常遵循一个基本的结构。最常见的是三段式结构：开头、中间和结尾，每个部分有其独特的功能。

（1）开头：引人入胜，快速抓住观众的注意力，介绍背景或提出问题。

（2）中间：展开主题，提供信息、情节或内容。

（3）结尾：总结或呼吁行动，给观众留下深刻的印象。

技巧如下。

（1）在开头部分尽量简洁明了，迅速传达视频的核心价值。

（2）中间部分要有足够的信息支撑，避免内容过于单调或空洞。

（3）结尾要有力量，可以通过总结、反思或号召行动来结束。

3. 简洁明了

好的脚本需要具备简洁明了的特点，尤其是在短视频创作中，时间非常宝贵。每个镜头、每句台词都应当服务于主题，避免冗长的叙述或多余的细节。冗余的内容不仅浪费时间，还可能导致观众失去兴趣。

技巧如下。

（1）精简语言：避免复杂的句子，尽量使用简短的词汇和句子。

（2）去除不必要的描述：每个镜头、动作、台词都要为主题和故事服务，避免无关紧要的内容。

（3）重点突出：在每一部分中突出核心信息或情感，让观众感受到重点。

4. 强化人物与情感

无论是讲故事还是做广告，人物和情感的塑造是脚本的重要部分。观众容易与角色产生共鸣，因此要确保人物在脚本中的行为和情感有足够的表达。

技巧如下。

（1）角色塑造：确保角色有明确的动机、目标和背景，不管是虚构的角色还是现实中的人物，都要让他们真实、有血有肉。

（2）情感冲突：情感冲突能够激发观众产生共鸣，尤其是在情感共鸣类文案中。通过人物之间的对话、行为或矛盾来展示冲突，使情感表达更具吸引力。

（3）语言风格：根据视频风格选择合适的语言表达方式。如果是幽默风格，可以使用一些诙谐的台词；如果是感人的故事，则需要更温暖和富有哲理的语言。

5. 镜头与视觉描写

脚本中的镜头语言用于指示如何通过镜头表现出所需的情感、气氛和动作。镜头语言的使用能够有效地加强故事的表达，并引导观众的注意力。在描述镜头时，不仅要简单明确地说明拍摄角度、画面内容，还要注重光线、颜色、背景音乐等元素的搭配。

技巧如下。

（1）使用简单清晰的术语来描述镜头（例如：近景、中景、全景等）。

（2）在镜头描述中加入情感提示（如“温暖的光线照射下”或“快速剪辑，制造紧张感”）。

（3）根据场景和故事情感的变化，合理安排镜头的变化，例如，静态镜头可以表现深沉的情感，动态镜头可以增加紧张感。

6. 加入对白与配乐

对白和配乐是提升视频感染力的重要工具。对白的写作要简洁自然，符合人物性格。配乐的选择则要根据视频的节奏和情感来决定。

技巧如下。

（1）确保对白符合角色性格，并能有效地推动情节的发展。

（2）配乐要与视频的情绪相匹配。积极、活泼的场景可以选择节奏明快的音乐，而感人的场景则可以选择柔和、温暖的音乐。

7. 多次修订与反馈

脚本写作通常是一个反复推敲的过程。初稿完成后，可以通过多次修订来精炼内容，优化台词和镜头，确保视频的节奏感和观众的情感体验。

技巧如下。

（1）在撰写初稿时，可以先将想法和内容铺开，不要拘泥于细节。

（2）完成初稿后，可以反复修改，删除冗余部分，确保每个部分都紧扣主题。

（3）如果可能，可以让他人提供反馈，帮助发现潜在的不足之处。

5.1.3　AI助力短视频脚本创作的核心价值

AI通过强大的自然语言处理和数据分析能力，协助创作者提升效率、优化内容并实现精准传播。那么，AI在短视频脚本创作中究竟如何发挥作用？本节将从以下几个方面详细说明。

随着人工智能技术的发展，AI已经逐步应用到短视频脚本创作的各个环节，从灵感激发到内容优化，其核心价值体现在以下几个方面。

1. 提高创作效率

AI能够快速生成脚本大纲、梗概甚至完整内容，帮助创作者节省大量时间。无论是寻找灵感还是构建复杂的情节，AI都可以提供有力的支持。

（1）自动化生成：通过输入关键词或主题，AI可即时生成脚本提案，为创作者提供创意方向。

（2）重复性任务优化：如润色台词、调整结构等，AI可以高效完成，避免人工反复修改的低效流程。

（3）实际案例：在紧张的短视频制作周期中，AI可以帮助创作者快速完成分镜头脚本草稿的写作，使团队能更专注于拍摄和后期制作。

2. 激发创意灵感

AI在文本生成领域具有一定的优势，比如可以提出创意点子，拓宽创作者的思路。

（1）跨领域联想：AI能够整合多领域信息，将不相关的点连接起来，创造新颖的脚本情节。

（2）无限次尝试：创作者可以多次调整关键词或参数，从而获得不同风格或方向的脚本内容。

（3）实际应用：当编剧面临创意瓶颈时，AI可以根据输入的内容生成新情节或台词，让灵感重新迸发。

3. 个性化内容定制

通过学习用户偏好，AI能为目标观众量身定制内容。

（1）数据驱动：基于观众的观看数据和行为分析，AI能够提供符合目标人群兴趣的内容建议。

（2）本地化脚本生成：AI支持不同语言、文化背景的适配，帮助创作者制作更加贴合观众需求的脚本。

（3）价值体现：在面向特定用户群体（如宠物爱好者或科技粉丝）的短视频中，AI定制脚本大幅提升了内容的吸引力。

4. 提升创作质量

AI在语义理解和文本分析方面具有强大的能力，可以为脚本创作提供专业级的优化建议。

（1）语句优化：AI能够根据语境调整台词，使对话更加自然。

（2）逻辑检查：AI可以自动检测脚本中的逻辑漏洞，避免叙事混乱或重复冗余。

（3）细节润色：从画面描述到情感表达，AI可以优化细节，增强脚本的艺术性和感染力。

（4）实际表现：通过AI的辅助，短视频脚本可以更精准地传递情感和信息，提升观众的观看体验。

5. 降低创作门槛

AI为初学者提供了便捷的创作工具，让没有专业写作经验的人也能轻松入门。

（1）教学功能：AI可引导用户学习脚本写作的基础知识，帮助新人快速掌握技巧。

（2）模板支持：AI提供了多种脚本模板（如提纲脚本、分镜头脚本等），简化了脚本的构建流程。

（3）应用场景：在短视频创作初期，AI可以成为创作者的“得力助手”，帮助小团队快速生产高质量内容。

5.2 使用 DeepSeek 生成短视频脚本

对许多内容创作者而言，持续产出高质量、有创意的短视频脚本，无疑是一项巨大的挑战。本节将使用DeepSeek生成文学脚本和分镜头脚本两种常用的短视频脚本。

5.2.1 文学脚本的编写

文学脚本是一种将故事或情节浓缩为简洁、明确的视频脚本，尤其适用于短视频内容创作，比如测评类、教学类、开箱类等无须复杂情节的作品。利用DeepSeek进行文学脚本创作，不仅能节省时间，还能增强创意表达。下面介绍使用DeepSeek进行编写文学脚本的框架和具体的提示词及回复。

扫码看教学视频

1. 明确需求与目标

在使用DeepSeek生成脚本之前，需清晰地定义以下内容。

（1）视频类型：是产品测评、教学指导，还是剧情类短视频？

（2）目标受众：如科技爱好者、学生、消费者等。

（3）风格语气：如专业解说风格、幽默风趣风格或情感化表达。

示例输入："为一个智能手表测评短视频撰写文学脚本，目标受众是科技爱好者，语气专业但不失活泼。"

2. 生成任务与大纲

DeepSeek会根据用户输入的内容生成任务模块和视频大纲，如以下示例。

任务1：产品开箱展示。

任务2：外观与手感描述。

任务3：功能跑分对比。

任务4：总结与推荐。

示例输入："根据华为智能手表测评撰写具体任务大纲，并细化为每个任务的具体内容。"

3. 生成具体内容

对于每个任务，DeepSeek可以提供台词框架和镜头描述。

示例输入："为任务1'产品开箱展示'生成具体话术和镜头语言。"

生成结果如下。

话术："今天给大家开箱的是华为智能手表，这款智能手表在发布前备受关注，让我们看看它的包装和附件有哪些亮点。"

镜头语言：逐步放大包装盒，用动态镜头展示内部配件。

4. 润色与调整

生成后，用户可以根据需要让DeepSeek润色话术或优化任务细节。

示例输入："将这段开箱文字调整为更轻松幽默的语气。"

下面是使用DeepSeek生成文学脚本的具体提示词和回复。

我想拍一个智能手表的开箱短视频，请为我生成一份文学脚本，包含人物描述、话术框架、镜头语言和每个人物的时长建议，需要分几个步骤展示手表外观、功能和总结。受众是年轻科技爱好者，语气轻松、亲和，视频时长控制在1分钟以内。

智能手表开箱短视频文学脚本（表5-4和表5-5）

视频目标受众：年轻科技爱好者

视频风格：语气轻松、亲和

时长控制：1分钟以内

内容规划：分步骤展示手表外观、功能和总结

表 5-4

人物描述	话术框架	镜头语言	时长
开场人物	主讲人：一位轻松幽默的科技爱好者，面带微笑，对智能产品充满热情	主讲人站在桌前，背景布置具有科技感的灯光，桌上摆放未拆封的智能手表包装盒	5秒

文学脚本正文如表5-5所示。

表 5-5

任务	具体内容	话术框架	镜头语言	时长
任务1	开箱展示	“终于等到这款智能手表了！这款可是网上火到不行的小网红，今天就来开箱看看它的真面目吧！”	俯拍未拆封的包装盒，主讲人慢慢将封条划开，将包装盒盖缓慢打开，镜头聚焦于内部的手表和配件	10秒
任务2	外观描述	“手表的整体设计非常简约，圆形表盘搭配金属边框，感觉非常轻巧，戴上去科技感十足。”	360°旋转镜头展示手表外观，镜头特写表盘、金属边框、表带材质，同时主讲人伸手将表戴在手腕上演示佩戴效果	10秒
任务3	核心功能亮点展示	“这款手表支持全天候心率监测，还可以接听电话，内置的语音助手让我觉得超级方便，日常使用特别智能。”	手表屏幕特写，显示心率监测画面，主讲人演示点击屏幕操作，再接听一通电话，镜头切换到主讲人使用语音助手场景	15秒
任务4	日常场景应用体验	“比如运动时，它还能监测你的步数和卡路里消耗，非常适合健身的朋友。更棒的是，它的续航时间超长！”	主讲人站在跑步机上，镜头特写手表屏幕上显示的步数，随后切换到主讲人坐在咖啡馆展示续航天数的画面	15秒
任务5	总结与推荐	“总体来说，这款智能手表无论是颜值还是功能都非常棒，特别推荐给喜欢智能穿戴设备的朋友们！”	主讲人面对镜头微笑总结，手腕上的手表高亮显示，背景打上柔光，主讲人竖起大拇指	10秒

镜头与话术的配合亮点如下。

（1）镜头语言强化代入感。

①开箱部分通过俯拍和动态镜头展示手表包装，营造仪式感。

②外观描述以旋转和特写镜头为主，突出产品细节，给人直观的视觉冲击。

（2）话术语气贴近受众。

①使用轻松、亲和的表达方式，避免复杂的专业术语，让内容更容易被年轻观众接受。

②通过感叹词和口语化表达营造亲切感，例如“火到不行”“超棒”等。

（3）时长分配合理。

突出核心功能展示（15秒）和外观展示（10秒），让重点内容更有说服力；总结部分简洁有力，控制节奏。

小贴士

1. 背景音乐建议：选择轻快、现代的电子音乐，突出科技感。

2. 字幕提示：为每个功能展示部分添加对应字幕（如“全天候心率监测”“语音助手演示”），方便观众快速抓取重点信息。

3. 互动引导：在结尾增加一句口播，如“喜欢这款手表的朋友别忘了点赞、关注哦！”增强用户互动。

这样一份脚本可以直接用于实际拍摄，帮助您在短时间内完成一条专业、有趣的短视频！

5.2.2 分镜头脚本的编写

扫码看教学视频

分镜头脚本是将影片或视频的创意想法转化为可执行的具体镜头规划的文档，它详细描述了每个镜头的拍摄内容、角度、时长、台词、动作等细节。通过分镜头脚本，导演和摄制团队可以清晰地了解整个拍摄流程、镜头切换及情感表达等。使用DeepSeek编写分镜头脚本，可以大大提高脚本编写的效率，尤其适用于那些需要快速构思和调整创意的项目。下面介绍使用DeepSeek编写分镜头脚本的框架和具体提示词及回复。

1. 分镜头脚本的基本结构

分镜头脚本一般包含以下几个基本要素。

镜头序号：用于标记镜头的顺序，便于在拍摄时定位。

景别：指镜头的视角或范围，如全景、中景、近景等。

镜头类型：描述镜头的运动方式，如固定镜头、推镜头、拉镜头、跟镜头等。

时长：镜头的时长，通常以秒为单位。

画面内容：镜头中展现的视觉内容，通常包括人物、物品、环境等元素。

台词/旁白：镜头中出现的对话或叙述。

音乐/音效：镜头中的背景音乐或音效，可以增加情感渲染。

2. 使用DeepSeek编写分镜头脚本的优势

使用DeepSeek编写分镜头脚本具有多重优势。

提高效率：DeepSeek可以在短时间内根据指示生成多个镜头的脚本，避免创作者需要从零开始构思和编写。

创意发散：DeepSeek能够根据不同的提示词生成多样的创意版本，帮助创作者在短时间内拓宽思路。

灵活调整：DeepSeek能够快速根据反馈进行调整，修改景别、时长或情节内容，以满足不断变化的创意需求。

适应多种风格：无论是剧情片、广告片、纪录片还是短视频，DeepSeek都能根据视频类型生成符合要求的分镜头脚本。

3. 如何使用DeepSeek编写分镜头脚本

在编写分镜头脚本时，使用DeepSeek的步骤通常包括以下几个阶段。

（1）明确创作需求。

在向DeepSeek提出要求之前，首先需要明确以下内容。

视频类型：例如短片、广告、微电影、企业宣传片等。

目标受众：如年轻人群、专业观众或家庭观众等。

故事大纲：提供视频的基本情节或主题。

视频时长：设定整体时长，通常在分镜头脚本中，也需要明确每个镜头的时长。

风格和氛围：描述视频的视觉风格和情感基调，如幽默、严肃、浪漫等。

示例提示词：

"我需要一份1分钟时长的短视频分镜头脚本，视频主题是关于环保意识，目标受众为年轻观众。请在脚本中加入情感元素，传达积极向上的信息。"

（2）生成初步分镜头脚本

根据上述需求，DeepSeek会生成一个初步的分镜头脚本草案。通过，脚本将包含镜头序号、景别、镜头类型、时长等信息，同时也会提供具体的台词、旁白、画面内容等，下面是示例脚本（表5-6）。

表 5-6

镜头序号	景别	镜头类型	时长	画面内容	旁白/台词	音乐/音效
1	全景	固定镜头	5秒	城市的街道，垃圾和塑料袋散落在路边	"我们的城市正遭遇环境危机"	背景音：忧郁、沉重
2	中景	推镜头	7秒	一位年轻人低头捡起垃圾，微笑着走向垃圾桶	"但每个人的小小行动，能带来巨大改变。"	背景音：轻松、希望
3	近景	推镜头	8秒	捡起的垃圾被投进垃圾桶，镜头聚焦垃圾桶标志	"一起保护我们共同的家园！"	背景音：激昂、正能量
4	全景	跟拍镜头	10秒	画面切换到大自然的美景，阳光明媚，鸟儿飞翔	无	背景音：愉快、清新

（3）调整和优化脚本

DeepSeek可以对初步生成的脚本进行调整和优化。例如，可以根据反馈修改镜头的时长、改动台词的表达方式、调整音乐的节奏等。

示例优化请求提示词：

“将第2镜头的时长改为10秒，并加入更多的情感元素，强调环保的重要性。”

（4）细化镜头细节

有时创作者可能需要进一步细化镜头的内容。例如，镜头的动作（推拉镜头、旋转镜头等），画面中的细节（人物表情、物品摆放等），以及特定的音效或字幕。DeepSeek能够根据需求详细描述这些细节，确保在执行脚本时镜头的准确性和情感传达。

4. 提高分镜头脚本的质量

为了提高DeepSeek生成的分镜头脚本的质量，创作者可以采取以下措施。

明确要求：在最初提出需求时，尽量明确故事的情感走向、视频的视觉风格及受众特点等。

反馈和调整：初步生成脚本后，提供具体反馈，并要求DeepSeek进行修改和优化。

逐步细化：从大致的镜头框架开始，再逐步细化镜头的具体内容，以保证每个镜头都能精准地表达情感和意图。

尝试不同的风格：可以尝试让DeepSeek生成多个版本的脚本，在不同的镜头安排、风格选择上进行比较，找到最适合的方案。

下面是使用DeepSeek生成分镜头脚本的具体提示词和回复。

请为我生成一个智能手表开箱视频的分镜头脚本。这个视频时长60秒，面向年轻科技爱好者，视频语气要轻松且亲和。视频内容包括开箱、手表外观展示、佩戴效果展示、功能演示（如健康监测、运动模式等）及总结。每个镜头的时长控制在5~10秒，确保镜头内容简洁但吸引人，适合短视频平台。包括每个镜头的景别、镜头类型、时长、台词、音效等。

以下是为您生成的智能手表开箱视频分镜头脚本（表5-7），时长60秒，语气轻松、亲和，适合年轻科技爱好者。

表 5-7　智能手表开箱视频分镜头脚本

镜头序号	景别	镜头类型	时长	画面内容	台词/旁白	音乐/音效
1	全景	固定镜头	5秒	桌面上放着智能手表包装盒，背景简洁，光线柔和	“大家好，今天给大家带来一款超酷的智能手表开箱。”	轻松、电子风格背景音乐
2	近景	拉镜头	6秒	主持人手拿智能手表盒，镜头拉近展示包装盒设计	“我们来看一下这款手表的外包装，简洁又时尚。”	背景音乐轻快，音效柔和

续表

镜头序号	景别	镜头类型	时长	画面内容	台词/旁白	音乐/音效
3	近景	推镜头	5秒	主持人打开包装盒，慢慢取出手表	“这款手表的设计简直太惊艳了！”	背景音：盒子打开的声音
4	近景	固定镜头	7秒	展示智能手表的外观特写，镜头聚焦于手表的表盘和表带	“看这款手表的外观，超薄机身和精致的表盘，简直无敌。”	背景音：轻柔的电子音效
5	中景	跟镜头	7秒	主持人佩戴智能手表，镜头跟随手腕，展示佩戴效果	“佩戴时感觉非常轻盈，毫无压力。”	背景音：愉快的音乐
6	近景	固定镜头	6秒	镜头聚焦在手表屏幕上，显示主界面和菜单	“手表的屏幕非常清晰，操作也很流畅。”	背景音：点击音效
7	近景	推镜头	8秒	主持人展示健康监测功能，手表显示心率、步数等数据	“它还能实时监测你的健康数据，比如心率、步数等。”	背景音：科技感的音效

镜头解析

镜头1：开场时使用全景镜头，展示桌面与包装盒的整体布置，背景简洁明亮，吸引观众的注意力，并在旁白中介绍视频主题。

镜头2：近景。拉镜头以突出包装盒的设计，逐步引起观众的好奇心，台词简短有力，配合轻松愉快的音乐。

镜头3：镜头拉近，展示主持人打开包装盒的动作，强调产品的“首次接触”感，适时插入音效增强开箱的临场感。

镜头4：近景。以特写展示手表的外观，突出其精致的设计，镜头对焦手表的细节，伴随着清新的电子音效，给人一种现代、时尚的感觉。

镜头5：中景。以跟镜头展示佩戴效果，镜头跟随主持人手腕的动作，突出佩戴的舒适感，使用愉快的背景音乐带动气氛。

镜头6：近景。镜头聚焦手表的显示屏，展示主界面和操作界面，突出其清晰和流畅的操作感。

镜头7：展示健康监测功能，近景。以推镜头展示手表屏幕，体现智能功能，搭配科技感音效，提升专业感。

镜头8：展示运动模式功能，中景，固定镜头。镜头锁定手表在运动状态下的表现，强调其多功能性，使用运动感的音效来增添氛围。

镜头9：总结环节，全景，固定镜头。将镜头拉远，展示完整的产品与主持人的微笑，台词总结产品的优点，营造温馨愉悦的结束氛围。

镜头10：近景，固定镜头。展示产品盒子及配件，结束语激励观众体验该产品，音乐逐渐结束，给人留下一种愉悦的印象。

5.3 使用即创生成短视频脚本

即创是抖音推出的一站式电商智能创作平台，提供AI视频创作、图文创作和直播创作三大功能，借助AI的能力节省短视频和直播的成本和时间，全方面满足短视频和抖音电商从业者的创作需求。

5.3.1 认识即创平台

即创配备了AI视频创作工具，支持智能剧本创作、虚拟角色生成和意见视频制作，便于快速生产出色的视频。同样也能通过图文编辑工具简化文章、产品详情页等图文制作流程等。下面介绍如何注册和登录即创，以及即创的核心功能及应用场景。

1. 登录即创

即创平台主要面向用户提供AI创作工具，但在使用即创时，必须进行注册和登录，下面介绍具体流程。

01 用户首先需要访问即创的官方网站，通常可以通过搜索引擎找到官方网站链接，例如通过搜索“即创”或“即创官网”等关键词，进入其主页，如图5-2所示。

图5-2

02 目前注册即创有两种方式，分别是手机注册和邮箱注册。手机注册只需输入手机号码通过发送验证码，如图5-3所示，邮箱注册则需要输入邮箱、密码、验证码等，如图5-4所示。

03 注册完成后，会提示用户没有绑定相关广告账户，这里需要确认用户用来注册的手机号或者邮箱是否绑定抖音，若绑定了可以单击“绑定组织”按钮，如图5-5所示。

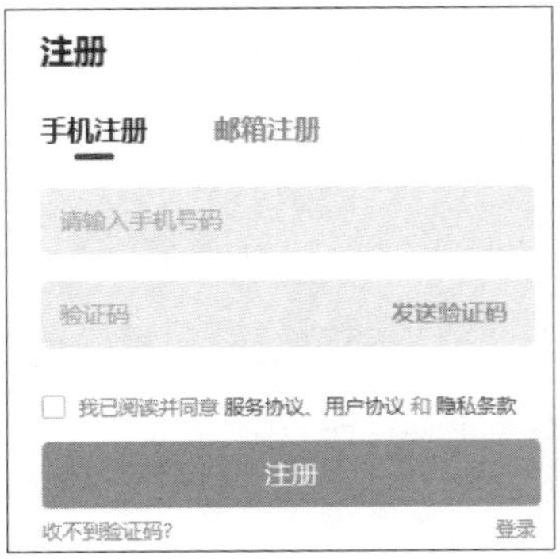

图 5-3

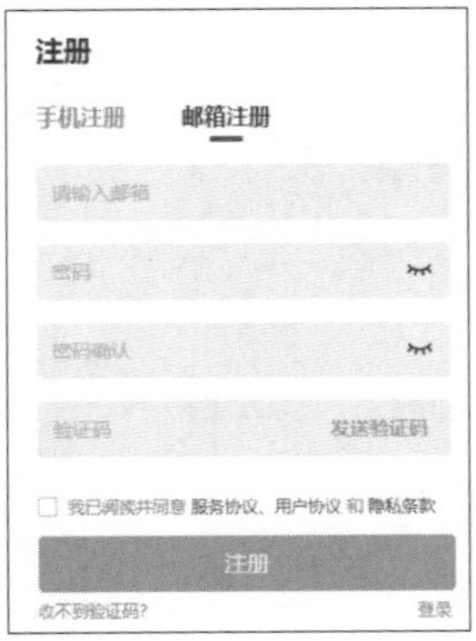

图 5-4

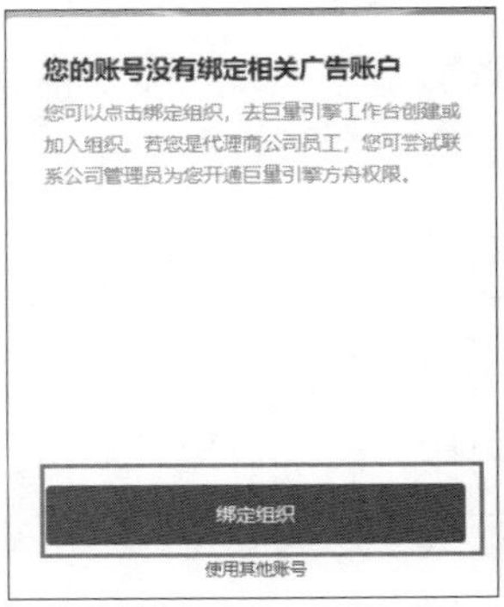

图 5-5

04 执行操作后可以选择“创建组织”或“加入组织”选项，如图5-6所示，这里选择“创建组织”选项即可。

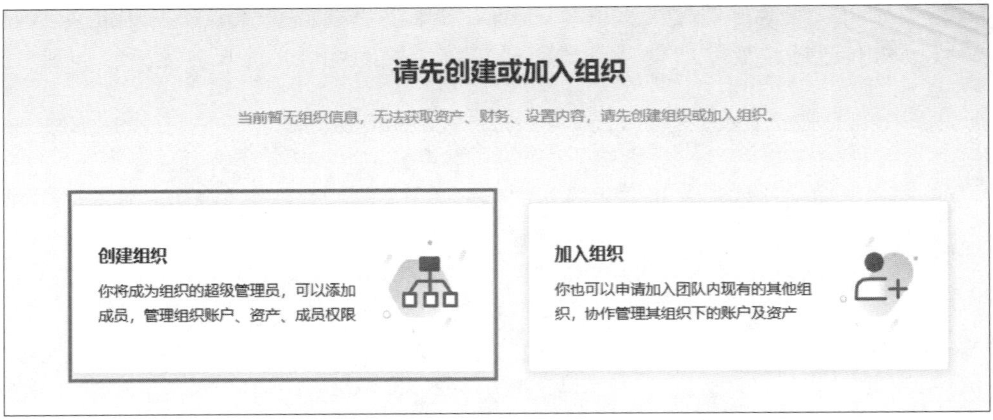

图 5-6

05 执行操作后，会弹出“创建组织”对话框，输入组织名称单击“保存”按钮，如图5-7所示，即可注册账号。

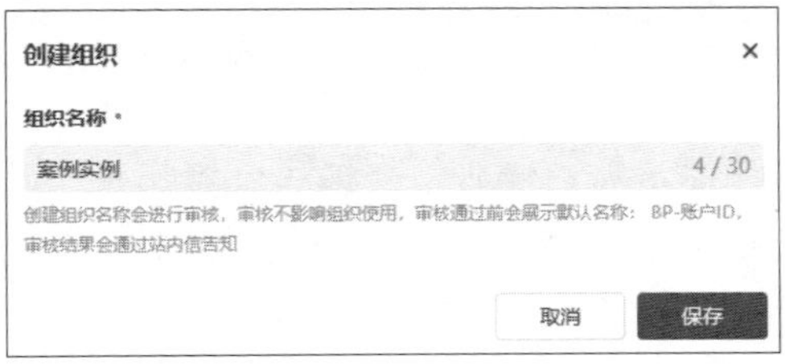

图 5-7

06 重新回到即创主页面，单击鼠标右键，选择“刷新”命令，即可自动绑定账号信息，如图5-8所示。

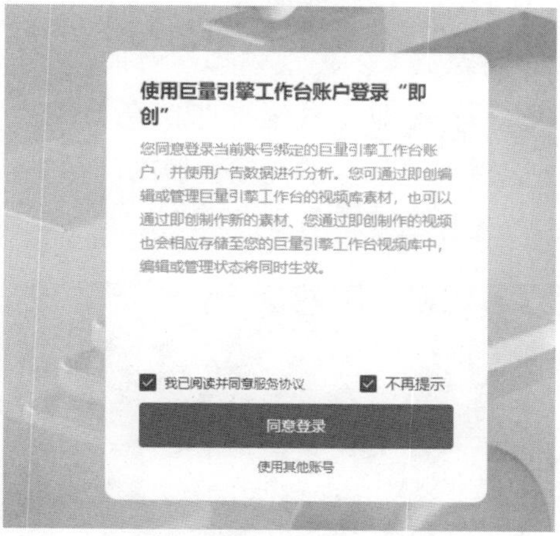

图 5-8

07 单击“同意登录”按钮即可进入即创，如图5-9所示。

图 5-9

2. 即创的核心功能

即创是一个集智能创意生成与管理于一体的全面平台，其核心功能主要围绕视频、图文、直播等创意内容的制作、管理和推广展开。下面是其具体介绍。

（1）视频创作功能

即创的视频创作功能是其核心亮点之一，通过AI技术的赋能，为用户提供了高效、智能的视频创作体验。具体功能如下。

① AI视频脚本。即创提供了多种视频脚本模板，用户只需填写关键信息，如视频主体、商品ID等，平台即可根据这些信息自动生成完整的视频脚本，如图5-10所示。这一功能极大地降低了视频创作的门槛。让没有专业编剧经验的用户也能轻松制作出引人入胜的视频内容。

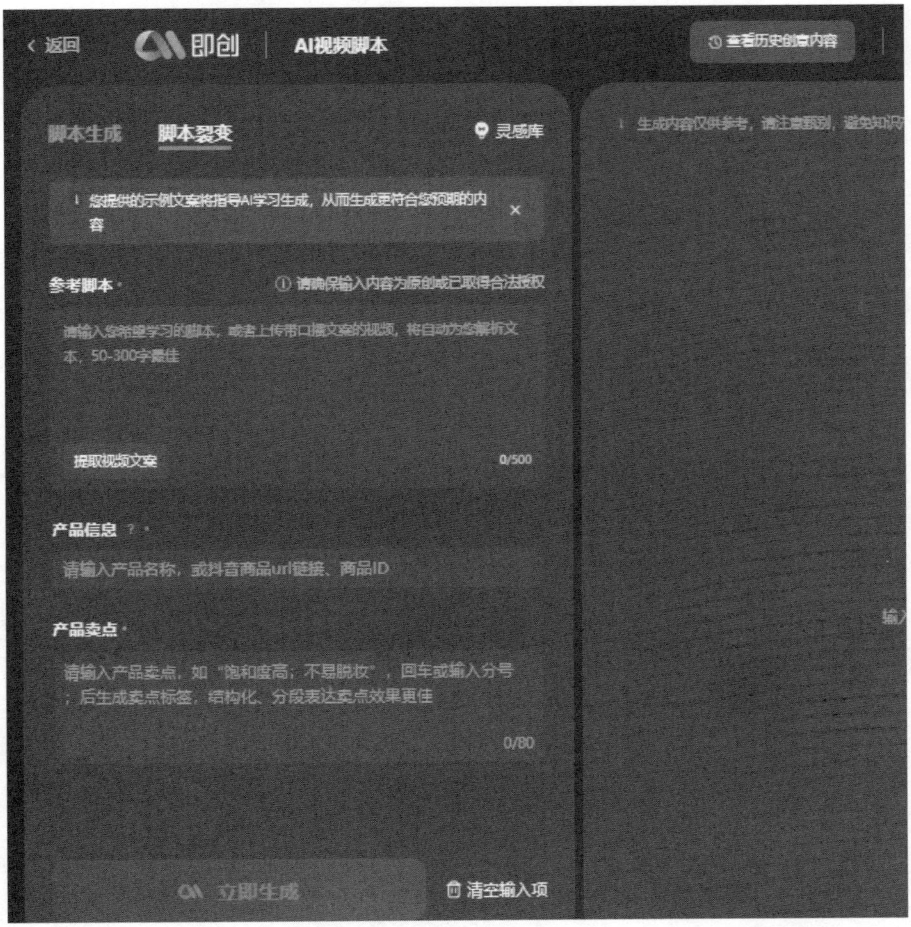

图 5-10

② 智能剪辑。智能剪辑是即创平台生产素材成片的工具，如图5-11所示，它利用AIGC技术辅助用户将上传的视频素材自动完成剪辑、渲染等一系列复杂的操作。通过简单的输入方式，智能为视频添加脚本、口播、配乐等元素，实现视频素材的自动化和批量化生产。

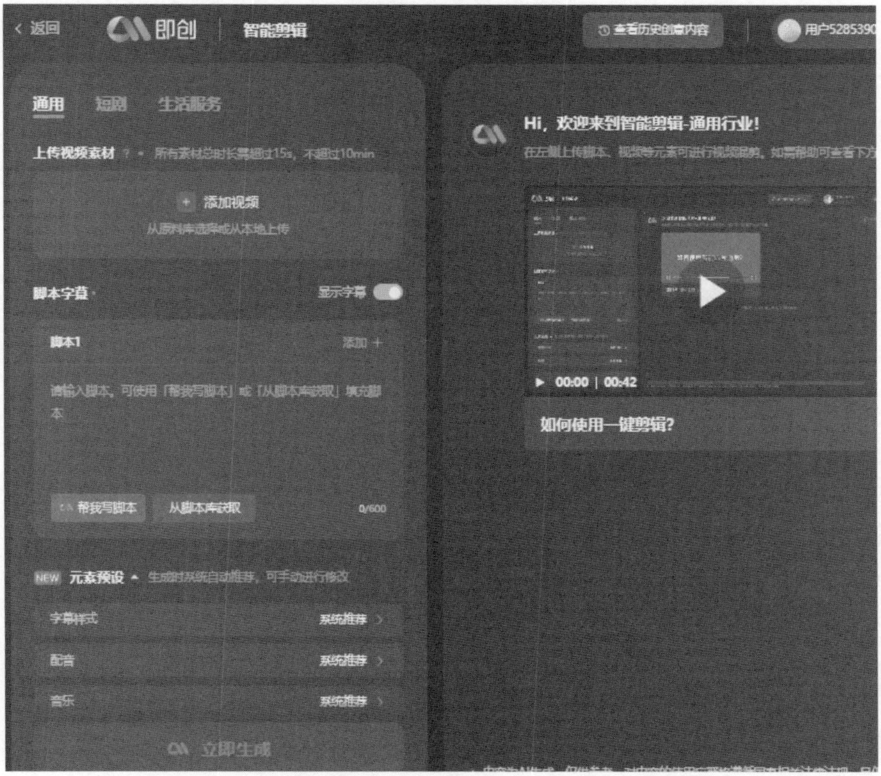

图 5-11

③ 数字人成片。数字人成片通过最新的数字人技术，无须真实演员重复参与拍摄，完成商品口播讲解视频的制作。即创平台提供了3500多种数字人形象，如图5-12所示，涵盖了多个行业的不同场景需求，帮助广告主低成本产出优质、生动的创意素材，极大地扩展了广告和内容创意的可能性。

（2）图文创作功能

即创的图文创作功能旨在帮助用户快速生成高质量的图文内容，下面是具体介绍。

在即创中，只需提供商品PID及相关需求描述，商品卡工具就会快速生成一批高质量、丰富度高的商品图，如图5-13所示，可以帮助商家快速生成商品卡图片素材、提升

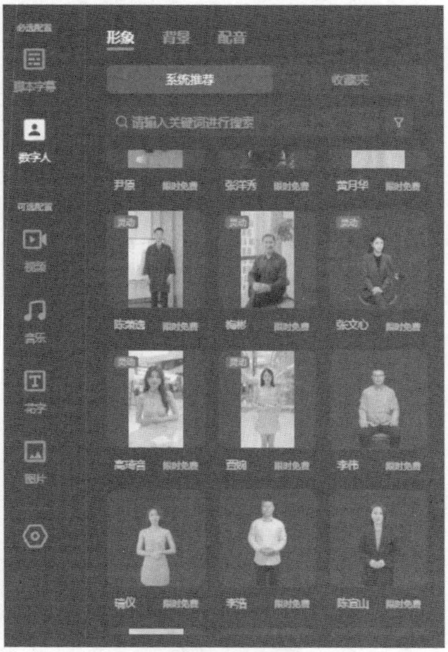

图 5-12

素材的丰富度和多样性。

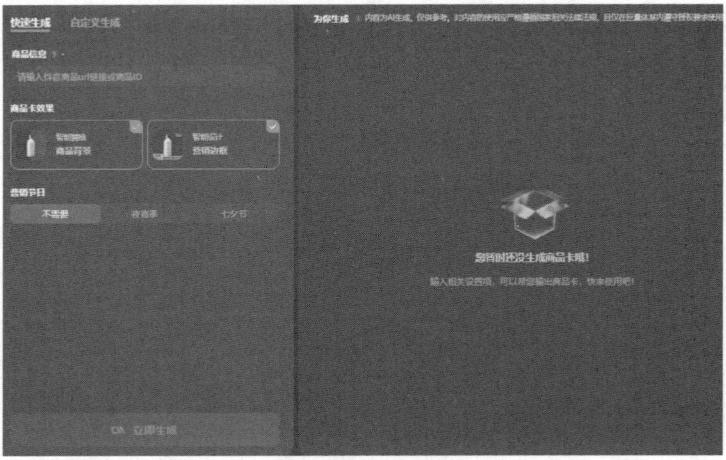

图 5-13

提示：PID是指商品在电商平台中唯一的ID，相当于商品的身份证号码，由字母和数字组合而成，以此来区分商品类别。在进行商品推广时，生成的推广链接中会包含商品PID，如果买家通过该链接购买了商品，那么电商平台会根据商品的PID来进行佣金的统计和结算。

（3）直播创作功能

即创的直播创作功能为直播创作者提供了多种AI直播脚本和直播间装修方案。

直播间装修工具是即创平台的一款直播虚拟场景（绿幕）物料智能生成工具，支持根据商品PID及相关需求描述，生成对应的直播场景物料，如图5-14所示。

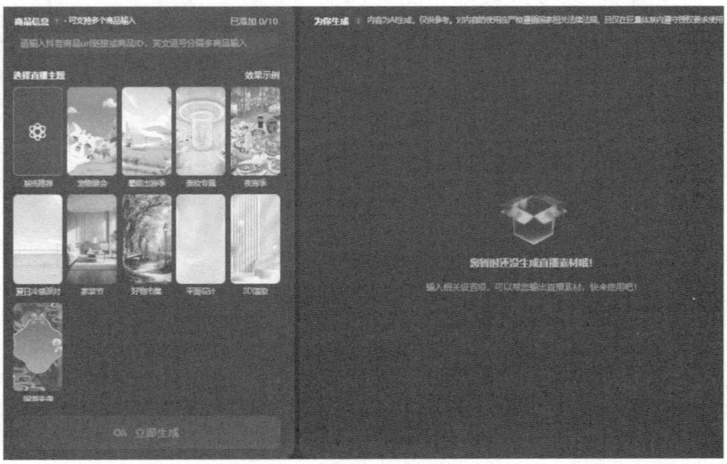

图 5-14

（4）创意分析

即创中的创意分析是指对创意内容进行深入剖析和评估的过程，旨在理解其吸引力、有效性、受众反馈及潜在的市场价值，下面是对其具体功能的介绍。

① 投前检测。投前检测工具是即创的一款创意检测工具，支持对短视频素材预检、广审风险、生态指标（素材质量、素材创新度、素材效率），提前了解素材问题和效果，从而及时优化，解决素材测试难、成本高的问题，如图5-15所示。

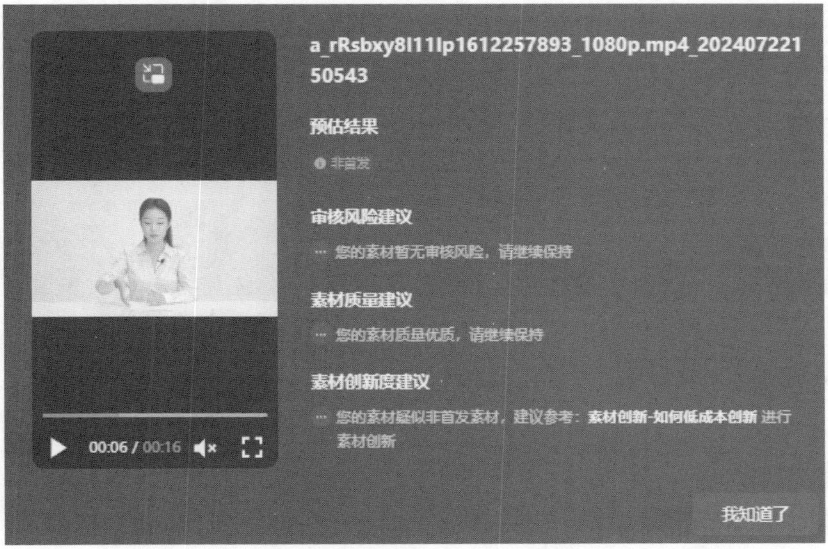

图 5-15

② 投后诊断。即创的投后诊断工具用于针对投放后的素材，可以在这里对账号整体素材或单个素材进行诊断，让AIGC内容生产与广告效果数据紧密协同。只需选择主体、行业和时间周期，即可全方位呈现智能分析结果、给出诊断建议、预估优化后的跑量提升值。根据页面提示跳转至相应的素材制作工具，还能对素材直接进行调优，如图5-16所示。

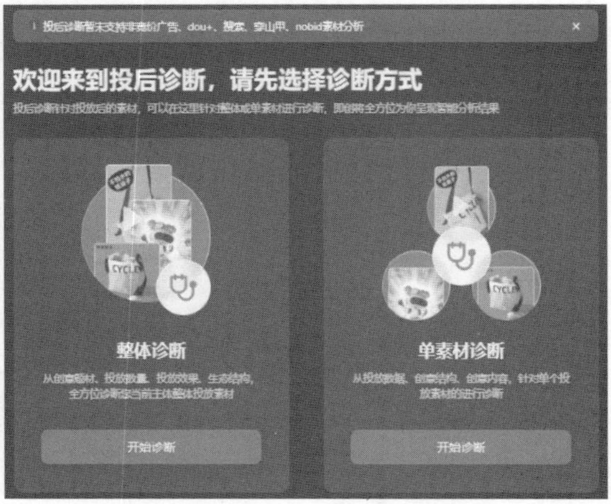

图 5-16

5.3.2 脚本生成功能

要使用即创的AI视频脚本生成功能，只需提供产品ID、产品卖点、优惠活动和适用人群，由AI系统基于人们提供的素材及产品信息，能够在短时间内批量产出合格的视频脚本，提升客户素材的制作效率。下面介绍具体的操作步骤。

扫码看教学视频

01 打开即创主页，单击“AI视频脚本”|“脚本生成”功能，进入其主页，先选择行业，如图5-17所示，目前支持电商、大健康、工具软件、金融、教育、汽车6大行业。

02 选择推广场景，目前即创的脚本生成功能支持短视频带货、引流直播间和平台电商3种推广场景，如图5-18所示。

图 5-17

图 5-18

提示：电商、大健康、教育行业支持输入产品名称、抖音商品详情URL链接和商品ID，以方便系统获取产品信息，自动抓取卖点；工具软件、金融和汽车行业需输入产品名称，然后用户自定义填写3~5个卖点即可。

03 输入商品的基本信息，这里以一款电商行业的粉底产品为例，输入“商品信息”为“粉底”、“商品卖点”为“饱和度高；不易脱妆”，如图5-19所示。用户也可以添加自带的推荐热点，可以让生成的脚本内容更具丰富度和实时性。

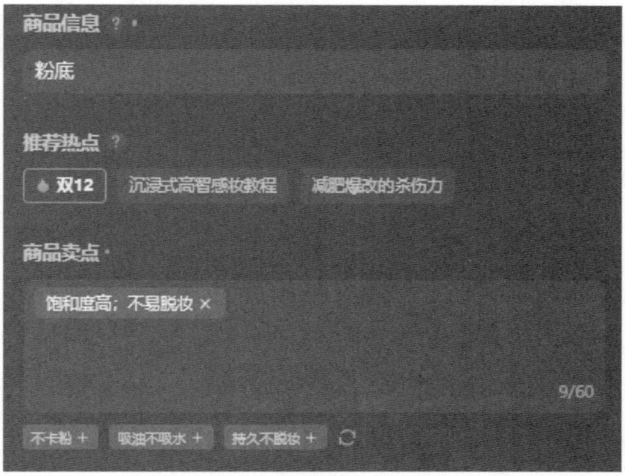

图 5-19

04 输入脚本生成的基本信息，如脚本风格、优惠活动、适用人群、用户痛点、适用场景和脚本字数等，如图5-20所示。

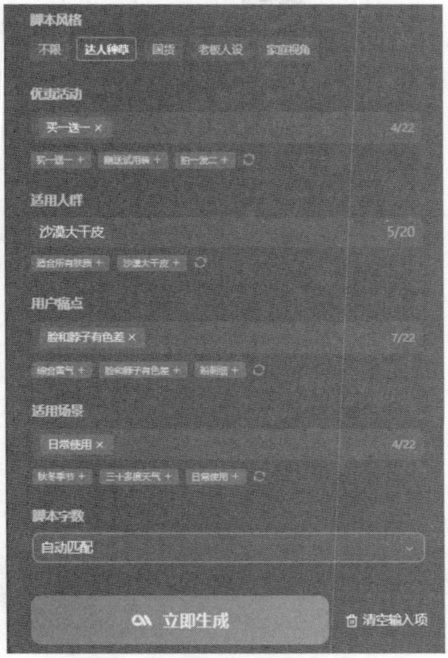

图 5-20

05 填写完成后，单击下方的“立即生成”按钮，即可自动生成两种相应的视频口播脚本，如图5-21所示。

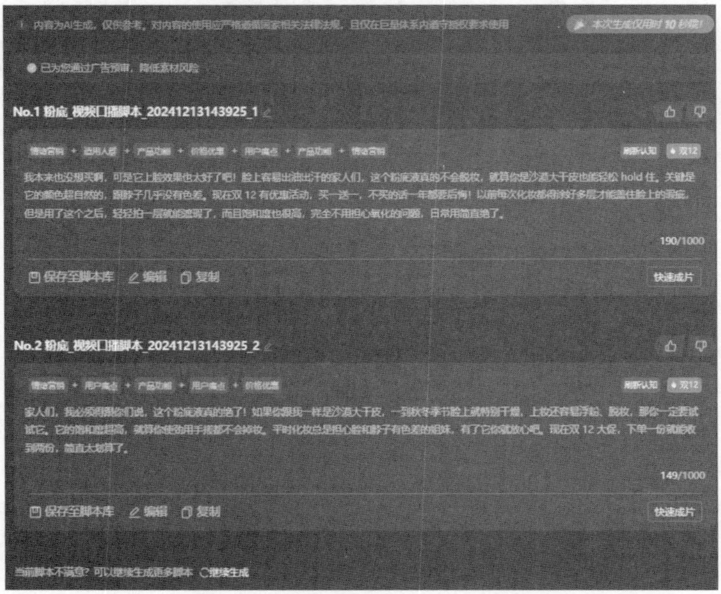

图 5-21

06 用户可以通过单击脚本下方的“保存至脚本库”按钮，将其保存至即创主页的“资产”|“脚本库”中，以备不时之需。单击“编辑”按钮，可以实时对生成的脚本内容进行修改、删除和添加等操作。单击“复制”按钮，即可将脚本内容复制在剪贴板上。如图5-22所示。

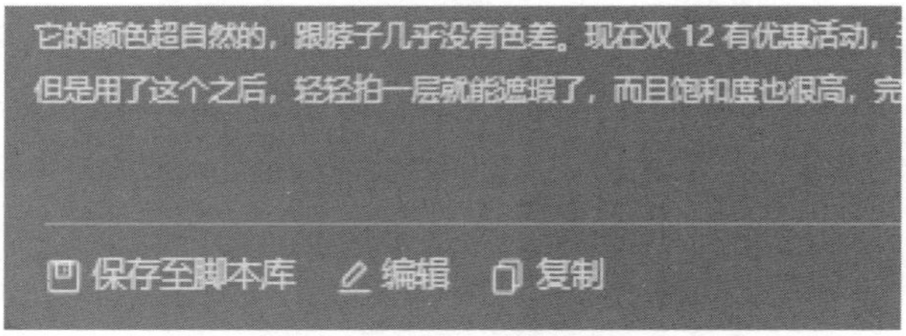

图 5-22

07 在生成的脚本中还有营销公式和正文对应功能，将鼠标指针移至营销公式上方，即可自动对应正文内容，帮助用户举一反三，如图5-23所示。

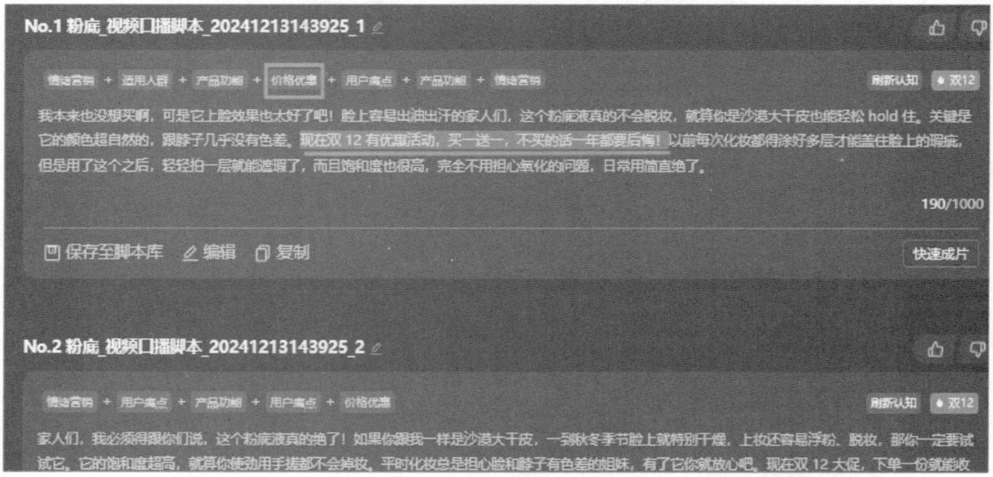

图 5-23

5.3.3 脚本裂变功能

即创的脚本裂变功能是指通过上传希望AI学习的脚本，或者上传视频让即创自动解析文本，该功能会针对爆款文案进行深度分析与学习，对爆款文案进行重构和裂变，精准匹配特定爆款素材的文风和语态进行生成，为产品塑造接近爆款效应的脚本文案。下面介绍具体的操作步骤。

扫码看教学视频

01 打开即创主页，单击“AI视频脚本”|“脚本裂变”功能，在“参考脚本”一栏上传脚本或上传带口播的视频，如图5-24所示，即创将自动解析文本。

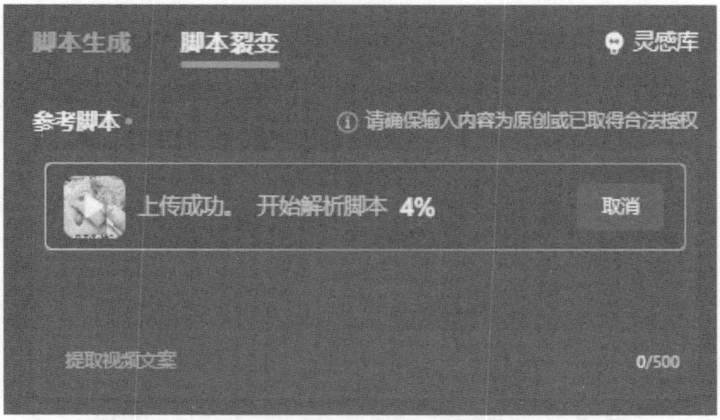

图 5-24

02 解析完成后，将自动生成脚本文案，如图5-25所示。

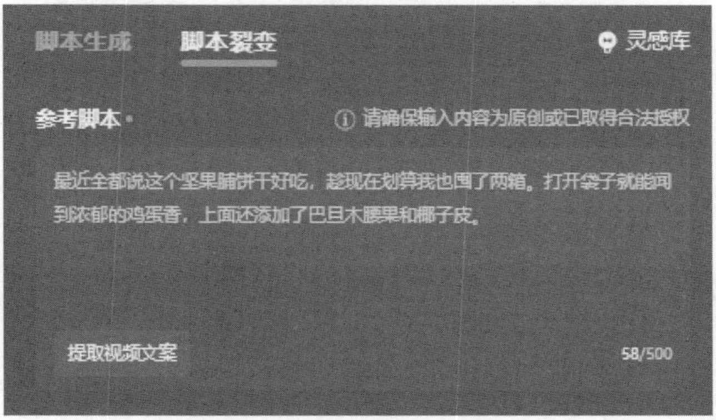

图 5-25

提示：参考脚本中如果包含品牌词或高风险词，为避免版权和审核风险需进行修改，如图5-26所示。

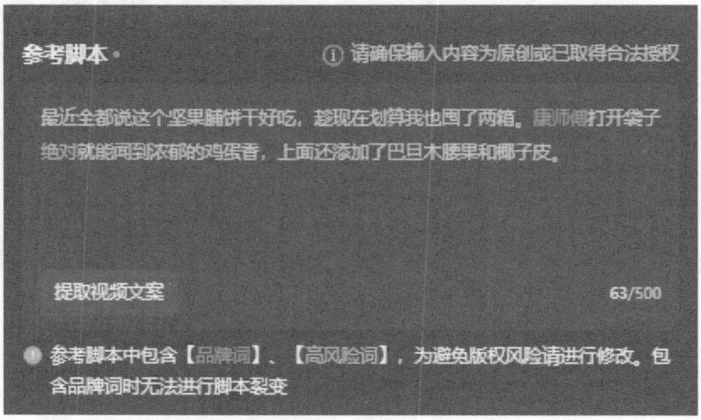

图 5-26

03 在“产品信息”一栏输入商品URL链接或商品ID，并在“产品卖点”文本框中填写关键词或使用其推荐词，如图5-27所示。

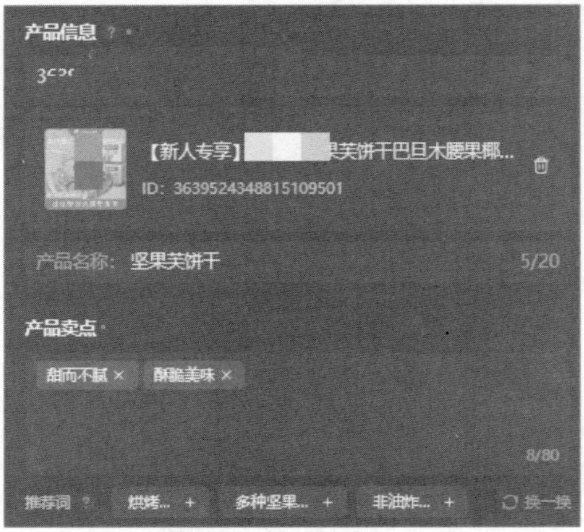

图 5-27

04 单击“立即生成”按钮，即可为产品塑造接近爆款效应的脚本文案，如图5-28所示。

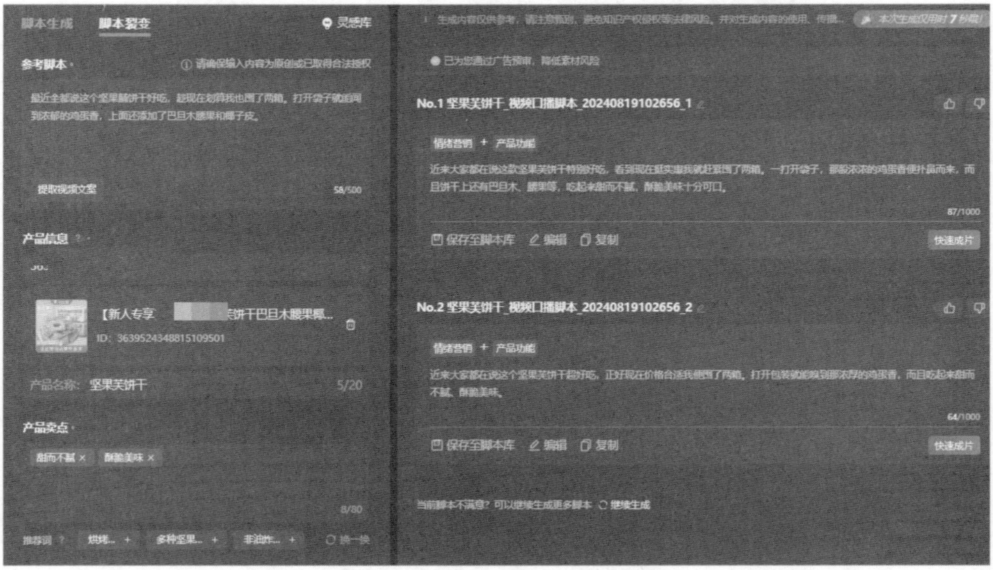

图 5-28

第 6 章

素材生成：AI 助力创意视频制作

在制作创意视频的过程中，素材的选择和生成往往是时间消耗最大、最具挑战性的环节之一。传统的视频制作需要手动收集和编辑大量素材，无论是图像、音效、背景音乐，还是特效和动画，这些都要求创作者具备一定的专业技能和大量的制作时间。AI技术的引入，使得视频创作者可以更加高效、精准地生成所需的各类素材，为创意视频制作打开了全新的大门。

6.1 图像内容创作

在日常工作中，无论是撰写营销文案、社交媒体内容，还是设计宣传海报、配图广告，AI图像创作都能提供有力的支持。本节将深入探讨AI图像内容创作的技术原理，解析主流AI图像创作工具与平台，并分析其核心技术与算法，为大家展示如何借助AI技术提高图像创作的效率与质量，帮助大家进一步了解和学习AI图像内容创作。

6.1.1 AI图像创作的技术原理

AI图像创作是基于人工智能技术，通过分析输入数据、学习目标需求，生成创意性、高质量图像内容的过程。其技术原理主要涵盖计算机视觉、卷积神经网络（CNN）、生成对抗网络（GANs）、扩散模型（Diffusion Models）等技术。下面分别从这4个方面详细说明AI图像创作的技术实现。

1. 生成对抗网络技术

AI图像生成主要是利用生成对抗网络（GANs），它是一种无监督学习模型，可以模拟人类艺术家的创作过程，从而生成高度逼真的图像效果。

生成对抗网络是一种通过训练两个神经网络来生成逼真图像的算法。其中的生成器（Generator）网络用于生成图像，判别器（Discriminator）网络用于判断图像的真伪，并反馈给生成器网络。

生成对抗网络的目标是通过训练两个模型的对抗学习生成与真实数据相似的数据样本，从而逐渐生成越来越逼真的艺术作品。GANs模型的训练过程可以简单描述为几个步骤，如图6-1所示。

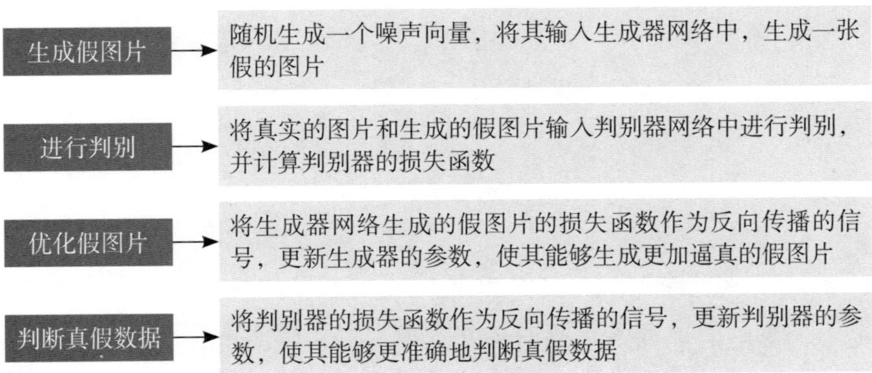

图 6-1

GANs模型的优点在于能够生成与真实数据非常相似的假数据，同时具有较高的灵活性和可扩展性。GANs是深度学习中的重要研究方向之一，已经成功地应用于图像生成、图像修复、图像超分辨率、图像风格转换等领域。

2. 扩散模型技术

扩散模型（Diffusion Models）是一种生成模型，广泛应用于图像生成领域。它的核心思想与传统生成模型有所不同，基于一种逐步去噪的过程生成高质量的图像。扩散模型的应用原理可以类比于一段从有序到无序的过程（正向扩散），然后通过逆向过程逐步恢复到原始图像（反向扩散），最终生成符合需求的图像。如表 6-1和表 6-2所示为扩散模型的优缺点。

表 6-1

优　点	说　明
生成质量高	扩散模型通过逐步去噪的过程，能够生成高度逼真、细节丰富的图像，生成质量接近真实数据
稳定的训练过程	相较于生成对抗网络（GANs），扩散模型训练时更加稳定，不容易出现模式崩溃或梯度消失等问题
灵活性强	可扩展性强，可以应用于图像、音频等多种模态生成任务，并能与其他模型结合进行多模态生成
噪声控制能力优秀	逐步去噪的设计使其对输入噪声有较强的鲁棒性，能够通过迭代过程生成高质量的图像
无须判别器	与GANs不同，扩散模型不需要额外的判别器网络，避免了判别器与生成器之间的对抗训练问题

表 6-2

缺　点	说　明
生成速度慢	扩散模型需要多步去噪迭代，每次迭代计算量大，导致图像生成速度较慢
计算资源消耗高	由于多次迭代的特性，扩散模型在训练和推理阶段都需要大量的计算资源，成本较高
参数量较大	扩散模型的神经网络往往较复杂，参数量较大，需要大量数据训练，模型部署相对困难
不适合实时应用	在训练过程中需要精细调整噪声添加和去除的参数，参数设置不当可能影响生成质量
调参难度较高	由于其多步去噪的特点，难以满足实时应用场景，如快速生成图像或视频的需求

3. 卷积神经网络技术

卷积神经网络（CNN）可以对图像进行分类、识别和分割等，同时也是实现风格转换和自适应着色的重要技术之一。卷积神经网络在AI绘画中起着重要的作用，主要表现在以下几个方面。

（1）图像分类和识别：CNN可以对图像进行分类和识别，通过对图像进行卷积（Convolution）和池化（Pooling）等操作提取出图像的特征，最终进行分类或识别。在AI绘画中，CNN可以用于对绘画风格进行分类，或对图像中的不同部分进行识别和分割，从而实现自动着色或图像增强等操作。

（2）图像风格转换：CNN可以通过将两个图像的特征进行匹配，实现将一张图像的风格应用到另一张图像上的操作。在AI绘画中，可以通过CNN实现将一个艺术家的绘画风格应用到另一张图像上，生成具有特定艺术风格的图像。

（3）图像生成和重构：CNN可以用于生成新的图像或对图像进行重构。在AI绘画中，可以通过CNN实现对黑白图像的自动着色，或对图像进行重构和增强，提高图像的质量和清晰度。

（4）图像降噪和杂物去除：在AI绘画中，可以通过CNN实现去除图像中的噪点和杂物，从而提高图像的质量和视觉效果。

总之，卷积神经网络作为深度学习的核心技术之一，在AI绘画中具有广泛的应用场景，为AI绘画的发展提供了强大的技术支持。

4. 计算机视觉技术

计算机视觉技术旨在使机器能够像人类一样理解图像中的对象、场景和动作。它涉及计算机如何理解和处理图像和视频，进一步做图形处理，使电脑处理成为更适合人眼观察或传送给仪器检测的图像。如表 6-3所示是计算机视觉技术在AI视频生成上的主要应用。

表 6-3

应用领域	具体内容	技术原理	应用实例
视频内容生成	基于文本/图片生成视频	深度学习（GANs等）	根据文本或图片自动生成视频
视频分析与理解	视频帧处理和对象跟踪	边缘检测、目标跟踪	提取关键帧、跟踪动态对象
视频编辑与特效	自动剪辑和特效添加	剪辑算法、特效技术	自动剪辑视频、添加滤镜/动画等
视频个性化推荐	基于用户/内容推荐	用户行为分析、内容相似性	根据用户习惯或视频内容推荐视频

6.1.2 主流AI图像创作工具与平台

如今，AI图像创作工具和平台的种类非常多，用户可以根据自己的需求选择合适的平台和工具进行图像创作。本节将介绍几个目前较为主流的AI图像创作工具和平台。

1. Midjourney，人工智能生成图像工具

Midjourney是一款先进的人工智能图像生成软件，利用深度学习算法，通过用户输入的文本描述自动生成高质量的图像。它支持多种艺术风格，包括写实、抽象、卡通、复古等，满足各种创作需求。Midjourney的主要应用领域涵盖了数字艺术、设计、游戏开发、广告营销和教育等。

用户只需加入Midjourney的Discord服务器，在聊天框中输入详细的文本描述，即可生成对应的图像。生成的过程是交互式的，用户可以根据初步结果调整描述，不断优化和迭代，直到获得满意的图像。如图6-2所示为Midjourney绘制的作品。

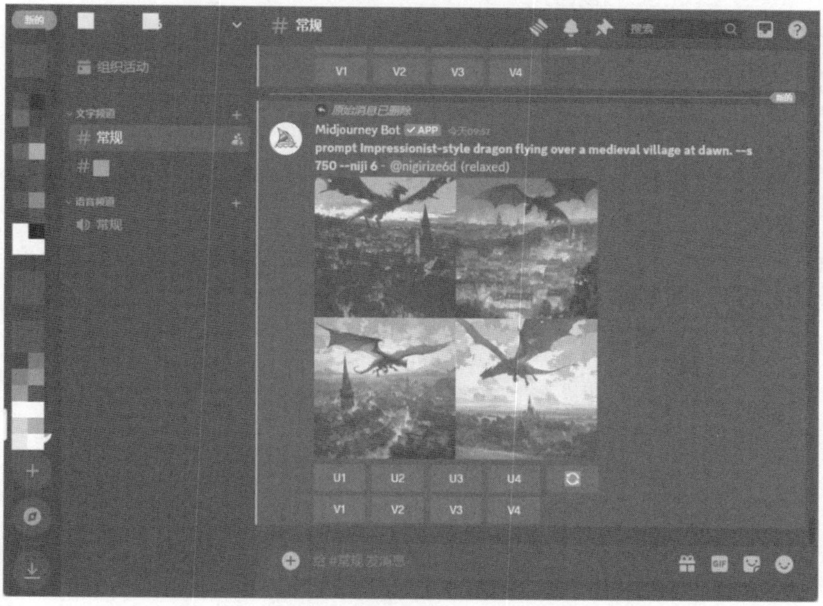

图 6-2

Midjourney的图像生成速度非常快，通常几秒钟内即可生成，极大地提高了创作效率。它的高质量输出保证了图像的细节和色彩效果，适合专业级别的创作。该软件不仅能自动生成图像，还具备智能编辑功能，帮助用户调整布局、优化色彩和修正细节，使得创作过程更加便捷。

此外，Midjourney还具有很强的灵活性和互动性。用户可以通过单击、滑动等操作与生成的图像互动，增强阅读和观看体验。无论是艺术家、设计师，还是游戏开发者和教育工作者，都能从中受益，创造出更具创意和吸引力的作品。

2. 即梦，快速生成AI图片和视频素材

即梦Dreamina是一款由字节跳动公司推出的AIGC创作工具，可以将简单的文字描述转换成精彩的图片和视频，如图6-3所示。用户只需输入描述，即梦Dreamina会自动创建相应的视觉内容。此外，该工具还提供编辑功能，让用户可以对生成的图片和视频进行个性化调整。

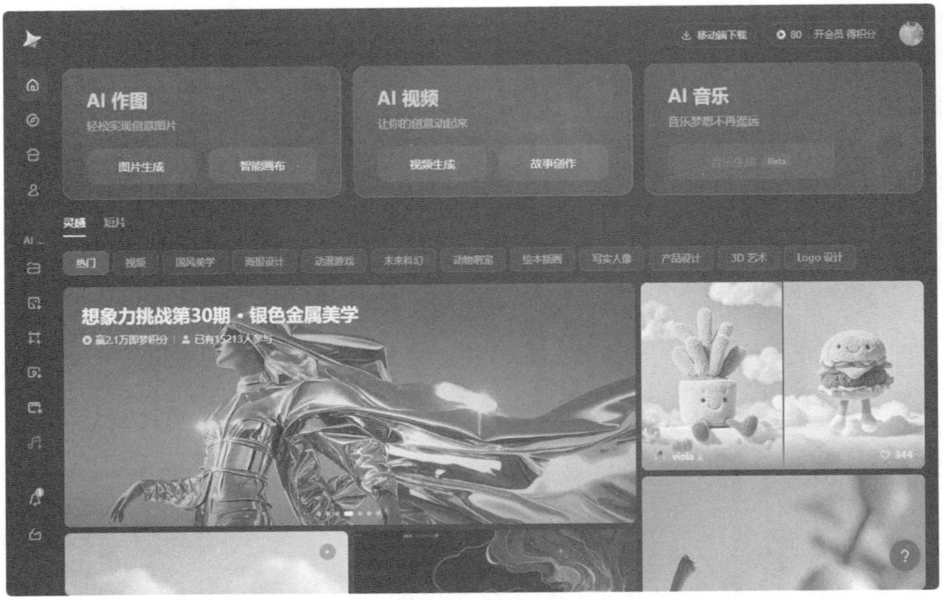

图 6-3

3. 可灵，效果惊艳的国产AI视频工具

可灵AI是快手科技自主研发的一款大型人工智能模型，它专注于视频生成领域，展现出了卓越的技术能力和创新，如图6-4所示。通过深度学习技术，特别是3D时空联合注意力机制和Diffusion Transformer架构，可灵AI能够生成高质量、逼真且符合物理规律的视频内容。

图 6-4

4. 剪映，AI智能图文成片

剪映，作为一款功能全面且操作简单的视频编辑软件，其独特的图文成片功能为用户带来了极大的便利。这一功能允许用户自定义输入脚本，随后自动将脚本内容转化为生动有趣的视频内容，如图6-5所示为剪映图文成片生成效果。

图 6-5

通过图文成片，用户无须复杂的视频剪辑技巧，即可轻松将文字与图片、视频素材相结合，快速生成专业水准的视频作品。这一功能的推出，不仅提高了视频制作的效率，还为用户提供了更多样化的创作方式。

6.2　图片素材生成

在现代内容创作中，视觉元素的表现力至关重要，而通过AI生成图片，不仅能大幅提升创作效率，还能实现更加个性化和定制化的效果。本节将围绕图片素材的生成展开，详细探讨如何使用AI技术生成不同类型的图片素材。

6.2.1　使用AI生成封面图片

扫码看案例效果

封面图片是用于内容展示的首要视觉元素，通常位于内容的最前端或最显眼的位置，以吸引受众的注意力、传递核心信息并增强内容的传播效果。无论是在书籍、文章、短视频、社交媒体帖子还是其他数字内容中，封面图片都是不可或缺的设计元素。

封面图片不仅仅是一个静态的视觉作品，它往往需要结合内容主题、品牌形象和受众喜好，以最佳的视觉呈现方式展示关键信息，是吸引受众深入了解内容的“第一道门槛”。在使用AI生成封面图片时需注意以下两点。

①突出核心信息，整体画面简洁直观。

②强调主题、品牌或标题。

下面是使用AI制作封面图片的具体操作步骤。

01 打开DeepSeek，在提示词输入框内输入提示词“我现在需要让Midjourney绘画软件为我的短视频内容绘制一幅封面图，主题是“自然风光与摄影”，请你为我生成5个AI绘画提示词”。单击输入框右下角的发送按钮，将提示词发送给DeepSeek，其回复如下。

我现在需要让Midjourney绘画软件为我的短视频内容绘制一幅封面图，主题是“自然风光与摄影”，请你为我生成5个AI绘画提示词。

以下是针对“自然风光与摄影”主题设计的5个AI绘画提示词，适合在Midjourney中生成封面图，帮助传达视觉吸引力和主题氛围。

提示词1：日出湖泊

Prompt：A breathtaking sunrise over a tranquil lake, surrounded by mist-covered mountains, golden light reflecting on the water, a small wooden boat floating, photorealistic, ultra-detailed, cinematic lighting, professional landscape photography style --ar 16：9

特点：适合展示自然风光的宁静和温暖，用于表达摄影主题中捕捉瞬间的美。

提示词2：森林与小径

Prompt：A magical forest pathway illuminated by soft golden sunlight streaming through dense green trees, a person holding a camera in the distance, detailed leaves and textures, vibrant nature colors, serene atmosphere, professional photography-inspired composition --ar 16：9

特点：强调森林的静谧和摄影的探索感，画面充满细节感。

提示词3：雪山与湖泊

Prompt：An epic view of snow-capped mountains reflected in a crystal-clear alpine lake, soft clouds in the sky, vibrant natural colors, sharp focus on the foreground, photorealistic, professional landscape photography, nature documentary style --ar 16：9

特点：展现宏大的自然景观，适合表现自然景观的壮美。

提示词4：沙漠日落

Prompt：A vast golden desert with rolling sand dunes under a dramatic sunset, deep orange and pink hues in the sky, a single photographer silhouette capturing the view, cinematic lighting, soft shadows, professional travel photography style --ar 16：9

特点：色彩鲜明，突出摄影师与自然的互动，极具视觉冲击力。

提示词5：海滩风光

Prompt：A serene tropical beach at sunset, gentle waves washing onto the shore, vibrant palm trees on the side, warm golden light, a camera tripod set up near the water, ultra-realistic, professional photography magazine style --ar 16：9

特点：温馨而吸引人，适合以海边自然风光为主题的短视频封面。

02 复制其中一份符合要求的英文提示词，打开Midjourney软件，在界面下方的输入框内输入“/imagine”，在弹出的命令框内选择第一个选项，如图6-6所示。

图 6-6

03 将复制的AI绘画提示词粘贴至prompt右侧的文本框内，如图6-7所示。

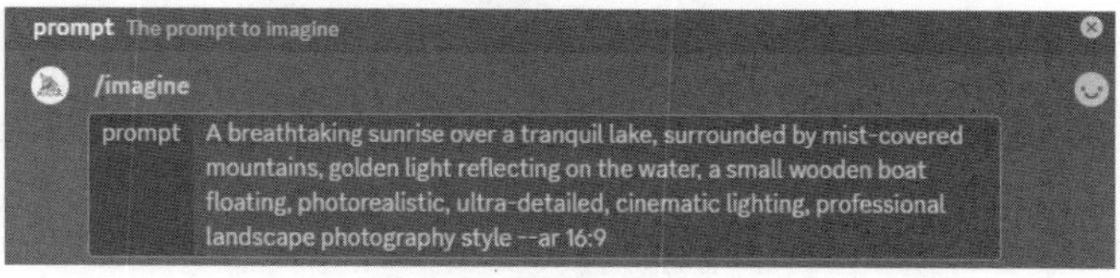

图 6-7

04 执行操作后，按Enter键确认，稍等片刻即可得到4张相应的图片，如图6-8所示。

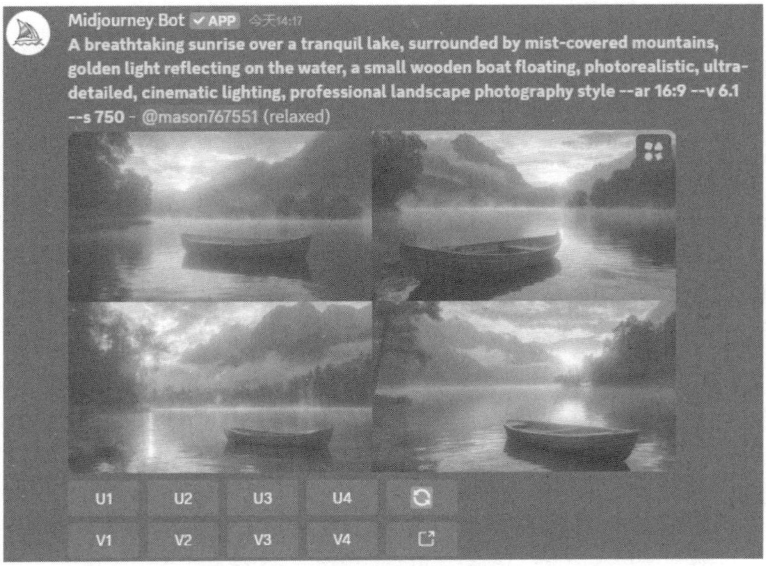

图 6-8

提示：Midjourney 默认生成4张图片后，可以再单独针对某一张图片进行细节扩展，图片下面有相应的按钮说明，如图6-9所示。

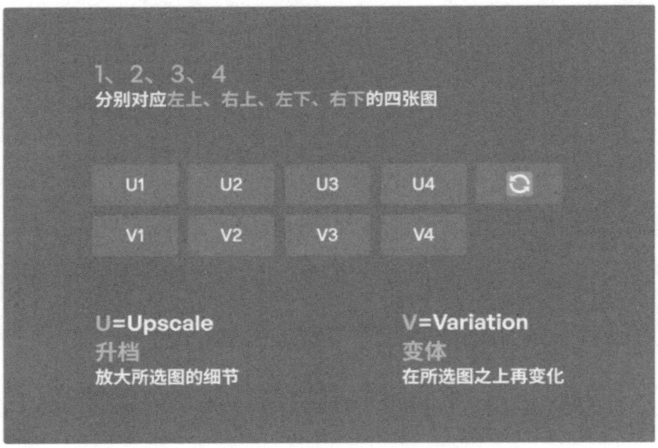

图 6-9

6.2.2 使用AI生成插图

插图是一种以视觉形式呈现的图像或艺术作品，用于配合文字内容、传达特定信息、增强主题表达或吸引观众的注意力。插图广泛应

扫码看案例效果

用于书籍、杂志、广告、网页设计、社交媒体内容和教育资料中，其形式可以是手绘、数字绘画、照片拼贴或AI生成的图像。

插图不仅具有装饰作用，还能以直观的方式解释复杂的概念、营造氛围或帮助受众更好地理解文字内容。在使用AI生成插图时需要注意以下两点。

①贴合内容主题，与文字内容匹配。

②可以以细节为主，不必占据视觉中心。

下面是使用AI制作插图的具体操作步骤。

01 打开DeepSeek，在提示词输入框内输入提示词“我现在需要给一篇关于‘又要下雪了，这次降温有点猛’的公众号文章绘制插图，请你给出5个相关的AI绘画提示词示例”。单击输入框右下角的发送按钮⬆，将提示词发送给DeepSeek，其回复如下。

我现在需要给一篇关于“又要下雪了，这次降温有点猛”的公众号文章绘制插图，请你给出5个相关的AI绘画提示词示例。

以下是5个与“又要下雪了，这次降温有点猛”公众号文章主题相关的AI绘画提示词示例，供您在使用AI绘画工具（如Midjourney、DALL·E、Stable Diffusion等）生成插图时参考。

提示词示例 1：

“a cozy winter cityscape at night, heavy snowfall, streets covered in snow, warm glowing lights from windows, people bundled up in scarves and coats, cinematic atmosphere, high detail, realistic style”（夜晚的城市雪景，鹅毛大雪，街道被雪覆盖，窗户透出温暖的灯光，人们裹着围巾和大衣，电影感十足，细节丰富，写实风格）

提示词示例 2：

“a frozen countryside landscape with heavy snowstorm, leafless trees covered in frost, a small cabin with smoke rising from the chimney, dramatic cloudy sky, realistic winter scene, high detail”（被大雪覆盖的乡村景观，冰冻的树木，叶子落尽，雪中小木屋，烟囱冒出烟雾，戏剧性的云层，写实冬季场景，高细节）

提示词示例 3：

“a whimsical snow-covered village in the morning, soft pastel colors, playful children building snowmen, snowy rooftops, glowing sunrise, magical and cheerful atmosphere, semi-realistic illustration”（清晨被雪覆盖的小村庄，柔和的粉彩色调，孩子们堆雪人玩耍，雪屋顶，太阳冉冉升起，充满魔幻和愉快的氛围，半写实插画风格）

提示词示例 4：

"a person shivering in the cold winter wind, standing under a streetlamp with heavy snow falling, breath visible in the air, dramatic lighting, moody and emotional scene, photorealistic style"（人在刺骨的寒风中瑟瑟发抖，站在路灯下，鹅毛大雪纷飞，寒冷的空气中可见呼吸的气息，戏剧化光影，情感丰富，照片写实风格）

提示词示例 5：

"a serene snowy park with a frozen lake, benches and trees covered in snow, cloudy and cold atmosphere, people walking with umbrellas in the distance, minimalistic winter scene, soft color palette"（宁静的雪景公园，湖面结冰，长椅和树木覆盖着积雪，阴冷的云层，人们在远处撑伞走动，极简主义冬季场景，色彩柔和）

02 复制其中一份符合要求的英文提示词，打开Midjourney软件，在界面下方的输入框内输入"/imagine"，将复制的AI绘画提示词粘贴至prompt文本框框内，按Enter键确认，稍等片刻即可得到4张相应的图片，如图6-10所示。

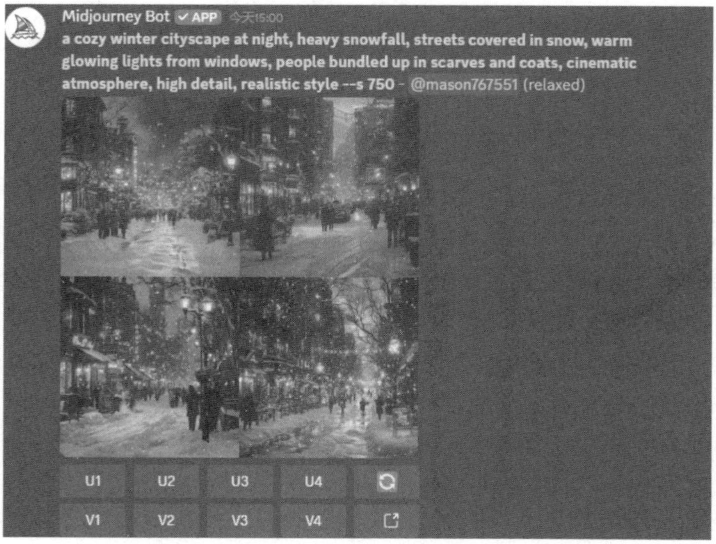

图 6-10

6.2.3 使用AI生成3D平面图

3D平面图是一种基于三维建模和图形渲染技术生成的视觉展示形式，用于清晰、立体地表现空间布局、物体结构或设计方案。与传统的二维平面图不同，3D平面图通过高度、深度和角度的呈现，带来了

扫码看案例效果

更直观、更逼真的视觉效果。它被广泛应用于建筑设计、室内装修、产品展示、城市规划、游戏场景制作等多个领域。

01 打开DeepSeek，在提示词输入框内输入提示词“我现在需要让AI为我设计一张3D平面图，关于欧洲风格的别墅，请你为我生成5个相应AI绘画提示词”。单击输入框右下角的发送按钮，将提示词发送给DeepSeek，其回复如下。

我现在需要让AI为我设计一张3D平面图，关于欧洲风格的别墅，请你为我生成5个相应AI绘画提示词。

以下是为欧洲风格别墅设计3D平面图的5个AI绘画提示词示例，旨在为别墅设计生成具有独特欧洲建筑风格的平面图效果。

1. “3D floor plan of a European-style villa, detailed layout including living room, kitchen, bedrooms, and terrace, classic European architecture with arched windows, symmetrical design, and elegant interior arrangement, top-down perspective, soft neutral tones”

（欧洲风格别墅的3D平面图，包含客厅、厨房、卧室和露台的详细布局，经典欧洲建筑风格，拱形窗户，对称设计，优雅的室内安排，俯视视角，柔和的中性色调）

2. “Top-down 3D floor plan of a luxury European villa, featuring a grand entrance hall, spiral staircase, multiple bedrooms, spacious dining area, and garden access, with warm wooden accents and marble finishes”

（豪华欧洲别墅的俯视3D平面图，包含宏伟的入口大厅、螺旋楼梯、多间卧室、宽敞的餐厅和花园入口，搭配温暖的木质细节和大理石装饰）

3. “Elegant 3D architectural floor plan of a modern European-style villa, showing open-concept living spaces, large glass windows, private pool area, and green backyard, realistic textures and lighting”

（现代欧洲风格别墅的优雅3D建筑平面图，展现开放式起居空间、大型玻璃窗、私人泳池区和绿色后院，真实的材质和灯光效果）

4. “Detailed 3D villa floor plan inspired by European countryside design, cozy interior with rustic wooden beams, stone fireplace, and garden patio, traditional charm with a contemporary twist”

（受欧洲乡村设计启发的详细3D别墅平面图，舒适的室内设计，带有乡村木梁、石头壁炉和花园露台，传统魅力融合现代风格）

5. “Realistic 3D floor plan of a European villa, showcasing two floors, a wine cellar, library, home office, and a balcony with wrought iron railings, light pastel colors, and artistic details”

（欧洲别墅的真实3D平面图，展示两层楼，酒窖、图书馆、家庭办公室和带有锻铁栏杆的阳台，淡雅的浅色调和艺术细节）

这些提示词涵盖了欧洲别墅的不同风格，从现代到乡村，再到豪华设计，可以灵活调整以满足具体的设计需求。

02 复制其中一份符合要求的英文提示词，打开Midjourney软件，在界面下方的输入框内输入“/imagine”，将复制的AI绘画提示词粘贴至prompt右侧的文本框内，按Enter键确认，稍等片刻即可得到4张相应的图片，如图6-11所示。

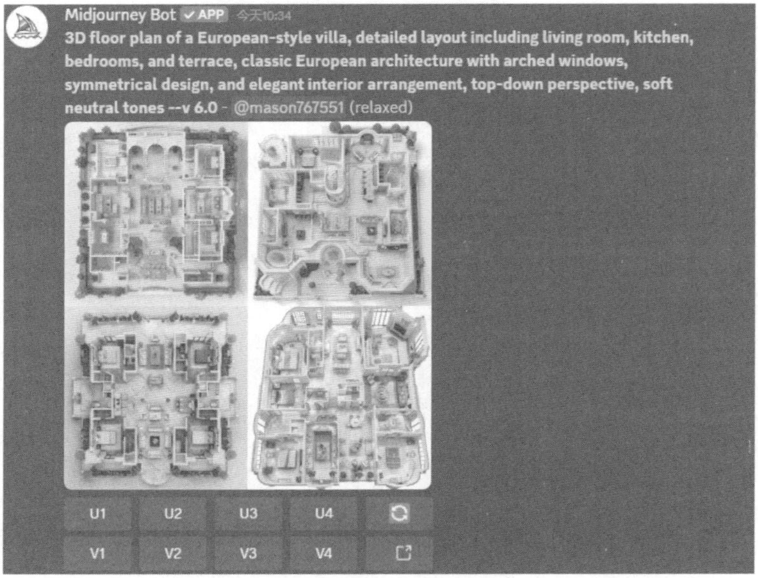

图 6-11

6.3 视频素材生成

在进行短视频创作时，无论是个人创作者还是企业团队，都需要高质量、具有吸引力的视频素材。然而，传统视频素材制作耗时长、成本高，往往对创作者的专业技能提出了很高的要求。通过输入简单的关键词、文本描述或图片，AI可以生成符合需求的视频素材，涵盖动态场景、特效动画、叙事短片等多种形式。本节将围绕视频素材的生成展开，详细探讨如何使用AI技术生成不同类型的视频素材。

6.3.1 电商网页动图制作

扫码看案例效果

动图（GIF）是一种短小、循环播放的动画效果，能够高效传递信息或吸引观众注意。下面介绍使用可灵制作动图的具体操作步骤。

01 打开可灵主页，单击“AI视频”按钮，进入“文生视频”页面，在“创意描述”文本框中输入提示词“微风中摇曳的树叶，温暖的日落色调，艺术化风格，高分辨率拍摄”，如图6-12所示。

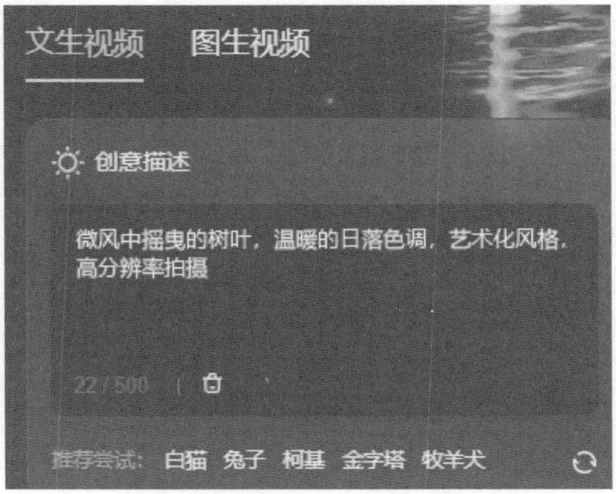

图 6-12

02 调整参数设置，将“生成模式”调整为“标准”，设置“生成时长”为5s、“视频比例”为16∶9、“生成数量”为“1条”并添加运镜方式，“运镜方式”为“垂直摇镜”，数值为4，如图6-13所示。

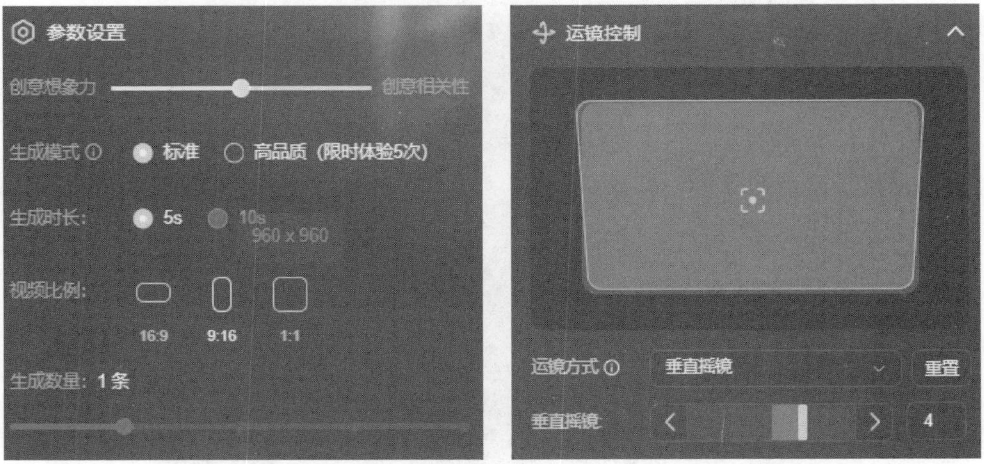

图 6-13

03 执行操作后，单击“立即生成”按钮，稍等片刻即可得到相应的视频，如图6-14所示。

提示：由于可灵目前并不能直接生成动图，只能先生成视频，将其下载至本地。再使用其他格式转换软件，最终转换为动图。

图 6-14

04 单击视频下方的“下载”按钮，下载视频。打开剪映，将下载后的视频内容导入剪映，并将其拖动至轨道上，单击界面右上角的“导出”按钮，选择“GIF导出”，并选择导出的分辨率，单击“导出”按钮即可，如图6-15所示。

图 6-15

6.3.2 使用“首尾帧”实现逆生长镜头

使用“首尾帧”功能制作逆生长镜头是指通过AI技术在视觉上实现从年老到年轻或从老年到中年等逆转变化效果。下面介绍使用即梦的“首尾帧”功能制作逆生长镜头的具体操作步骤。

扫码看案例效果

01 打开即梦主页，单击“图片生成”按钮，进入“图片生成”页面，如图6-16所示。

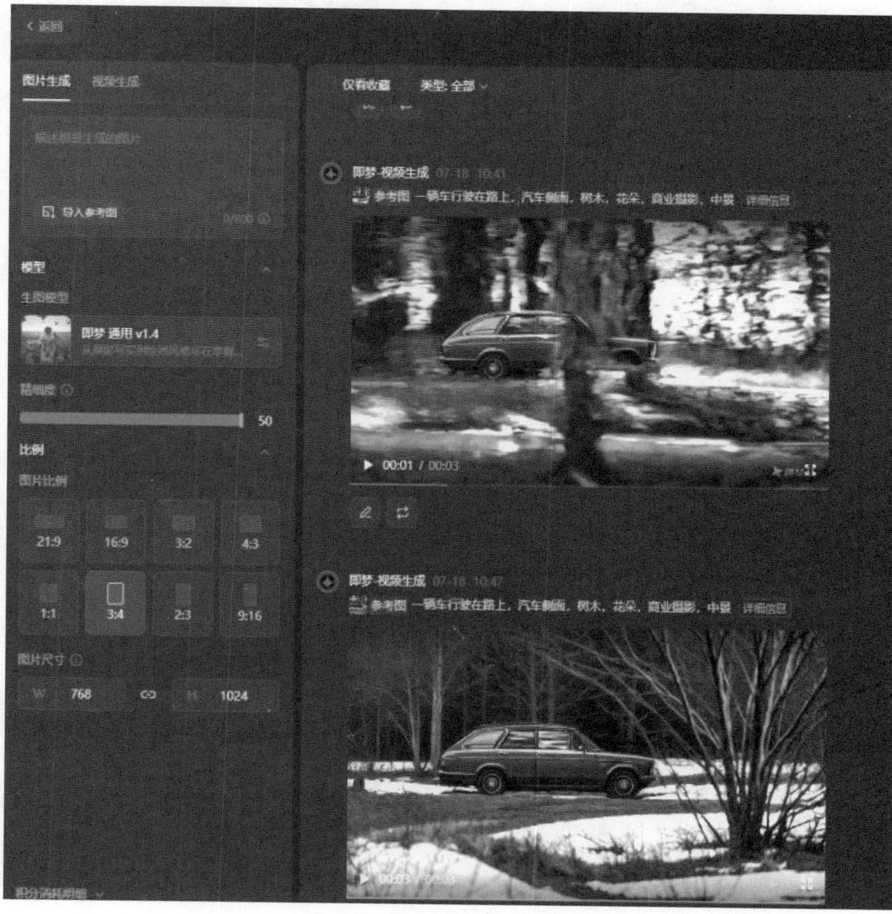

图 6-16

02 在输入框内输入提示词“可爱小女孩，5岁，证件照，面对镜头，中景”，如图6-17所示。

03 调整参数“生图模型”为“即梦通用v1.4”，将“精细度”调整为50、“图片比例”调整为3：4，如图6-18所示。

04 单击“立即生成”按钮，生成相应的AI图片，如图6-19所示。

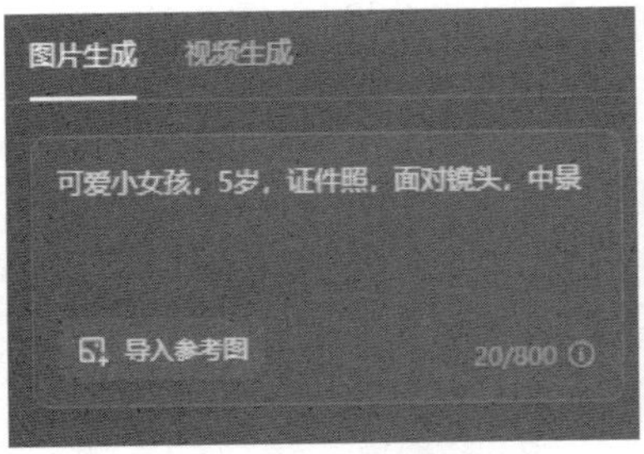

图 6-17

图 6-18

05 将鼠标指针移动至满意的图片上方，单击“超清图”按钮，将图片调整至超清，并单击下载按钮下载图片，得到“素材1”，如图6-20所示。

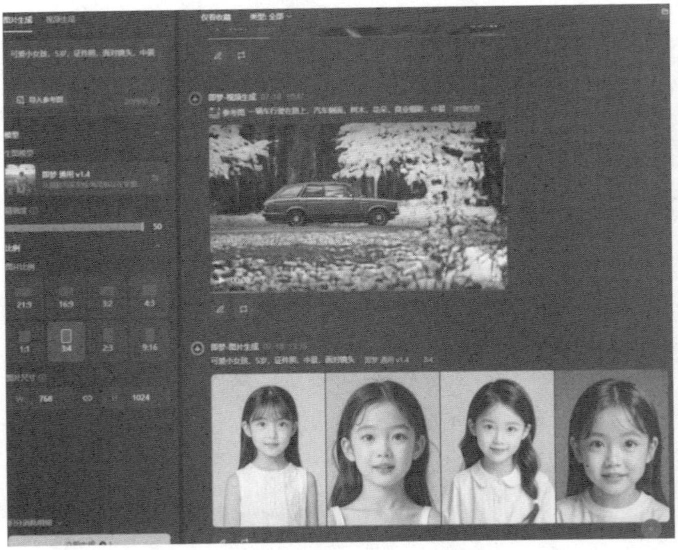

图 6-19

图 6-20

06 重新在输入框内输入提示词“可爱，女生，20岁，证件照，面对镜头，中景”，如图6-21所示。

07 单击“导入参考图”按钮，将“素材1”导入，则会弹出“参考图”对话框，勾选“角色形象”单选按钮，如图6-22所示。单击“保存”按钮即可导入参考图片。

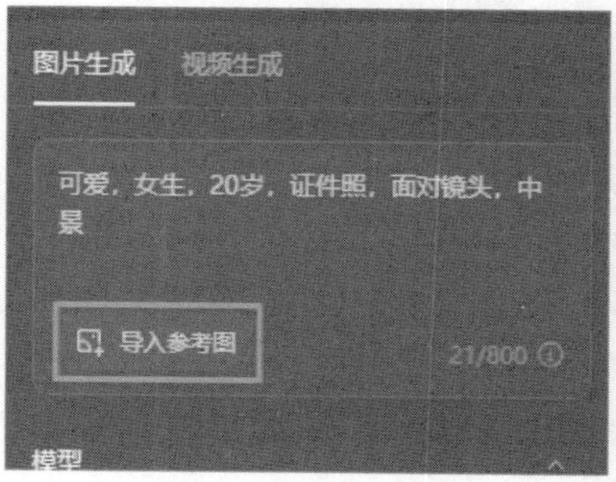

图 6-21

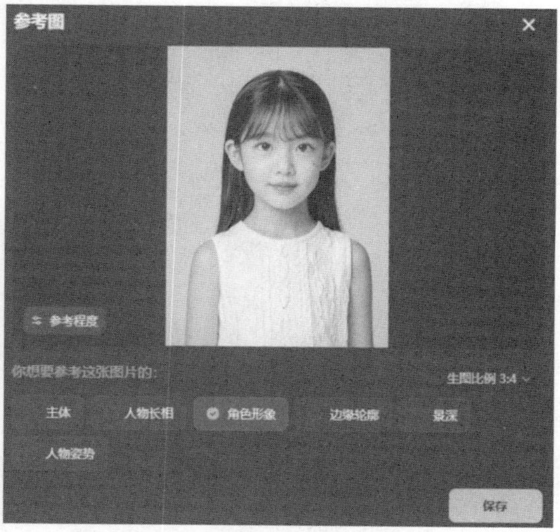

图 6-22

08 调整参数“生图模型”为“即梦通用v1.4”，将“精细度”调整为50、“图片比例”调整为3：4，单击“立即生成”按钮，生成相应的AI图片，如图6-23所示。

图 6-23

09 选择一张合适的图片，单击“超清图”按钮，将图片调整至超清，并单击“下载”按钮，下载图片，得到“素材2”，如图6-24所示。

图 6-24

10 单击“视频生成”按钮，进入“视频生成”页面，开启“使用尾帧”功能，上传首尾帧图片，如图6-25所示。

11 在输入框内，输入提示词“面对镜头、中景”，如图6-26所示。

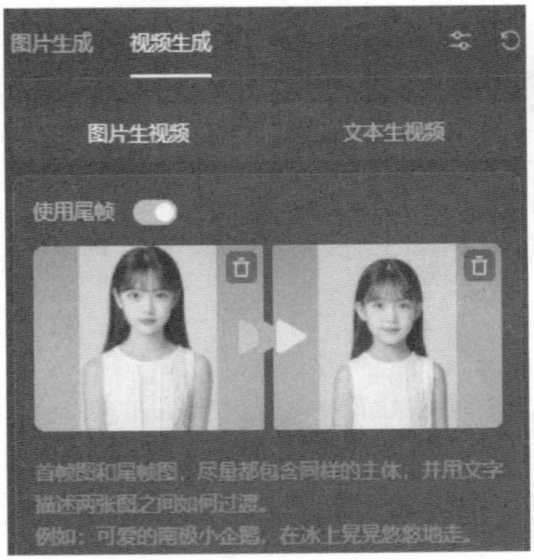

图6-25

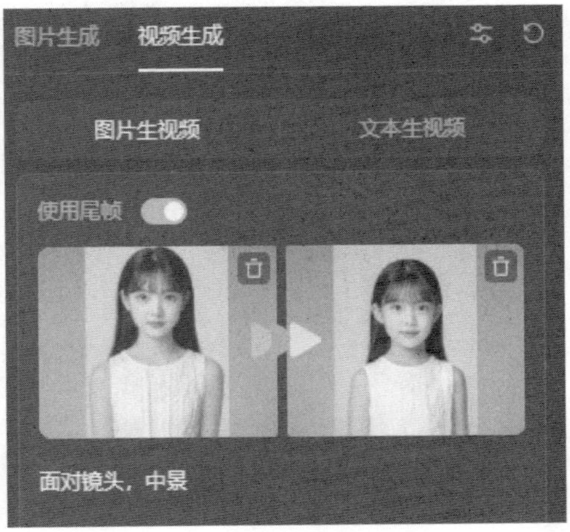

图6-26

12 调整相关参数，将“运镜控制”调整为“随机运镜”，设置“运动速度”为“慢速”、“模式选择”为“标准模式”、“生成时长”为3s，如图6-27所示。

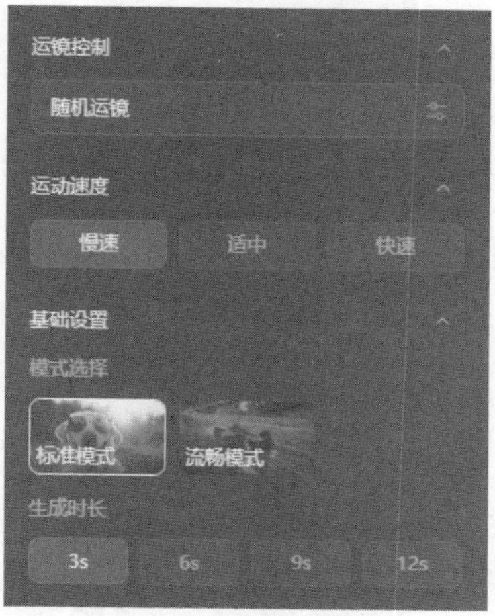

图 6-27

13 单击“生成视频”按钮，即可生成逆生长视频，如图6-28所示。

图 6-28

6.3.3　使用“剪同款”功能制作动态相册

扫码看案例效果

“剪同款”功能在剪映App中扮演着模板化创作的角色。它内置了丰富的视频模板，这些模板通常包含特定的剪辑风格、滤镜效果、配乐及转场动画等元素。用户只需选择自己喜欢的模板，然后替换其中的素材内容（如图片、视频片段等），即可快速生成一段风格统一、效果出众的视频作品。下面介绍使用“剪同款”功能制作动态相册的具体操作步骤。

01 打开剪映App，点击界面下方的“剪同款”按钮，进入模板选择界面，如图6-29所示。

02 在搜索栏中，输入“动态相册”文字内容，点击“搜索”按钮，如图6-30所示，即可显示相应的模板。

03 点击所需模板，进入模板预览界面，如图6-31所示。点击“剪同款”按钮，进入素材替换界面，点击选中所需素材，即可完成替换，如图6-32所示。

图 6-29

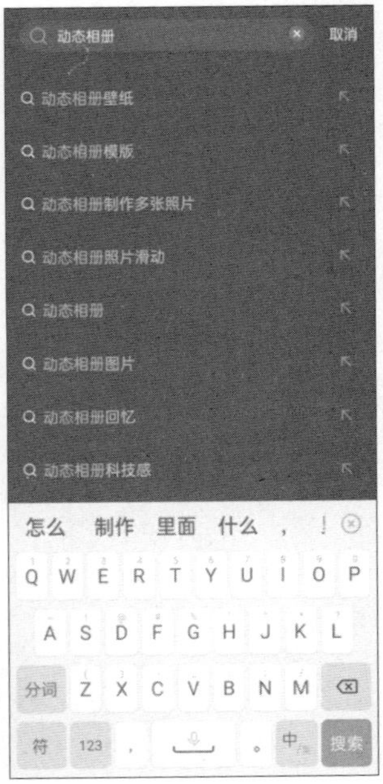

图 6-30

图 6-31

图 6-32

04 点击“下一步”按钮，进入视频编辑界面，如图6-33所示。点击“文本”|“添加文字”按钮，为视频添加文字内容，如图6-34所示，并调整文字的位置和大小。

图 6-33

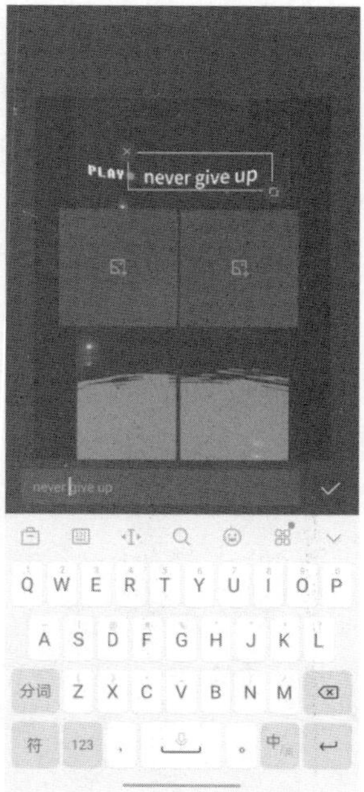

图 6-34

05 点击“导出”按钮，在弹出的“导出设置”面板中点击“保存”按钮，如图6-35所示，即可将视频保存至相册或保存为草稿，如图6-36所示。

图 6-35

图 6-36

6.3.4 使用“剪口播”功能快速制作口播视频

扫码看案例效果

“剪口播”功能通过智能识别视频中的语音内容，将其转化为文字，并允许用户直接对文字进行编辑和修改。这一功能极大地简化了传统口播视频剪辑中需要逐帧核对和修改的步骤，提高了剪辑效率。下面介绍利用“剪口播”功能快速制作口播视频的具体操作步骤。

01 打开剪映App，点击“开始创作”按钮，如图6-37所示。在上传素材界面点击素材，并点击“下一步”按钮，如图6-38所示，进入视频编辑界面。

02 选中轨道上的视频素材，点击界面下方的“剪口播”按钮，如图6-39所示，即可弹出剪口播编辑界面，如图6-40所示。

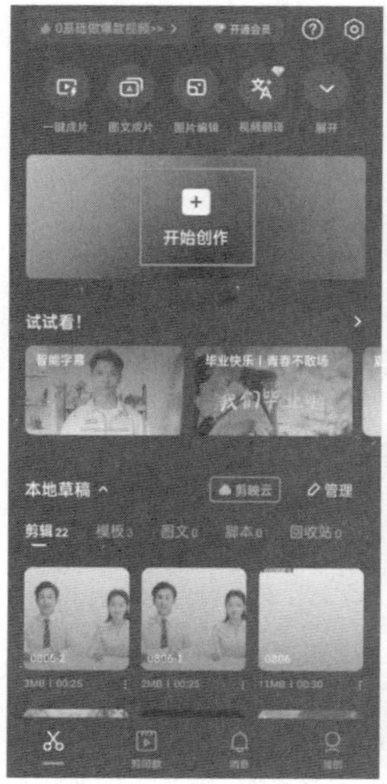

图 6-37

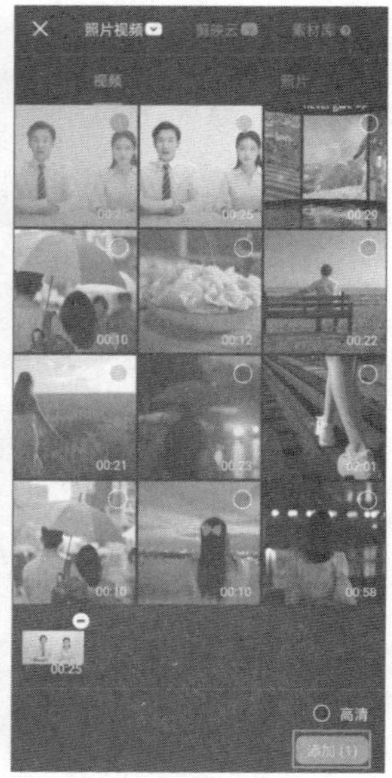

图 6-38

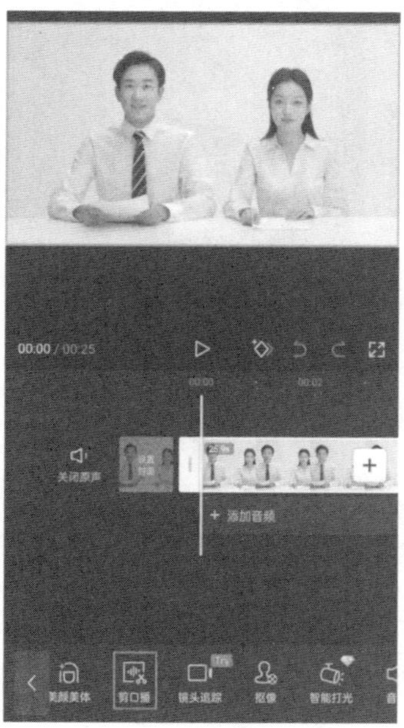

图 6-39

图 6-40

03 长按口播的文字内容，可以选择“删除”或“复制”选项，如图6-41所示。点击“标记无效片段”按钮，即可选择无效片段但并不会删除文字内容，如图6-42所示。

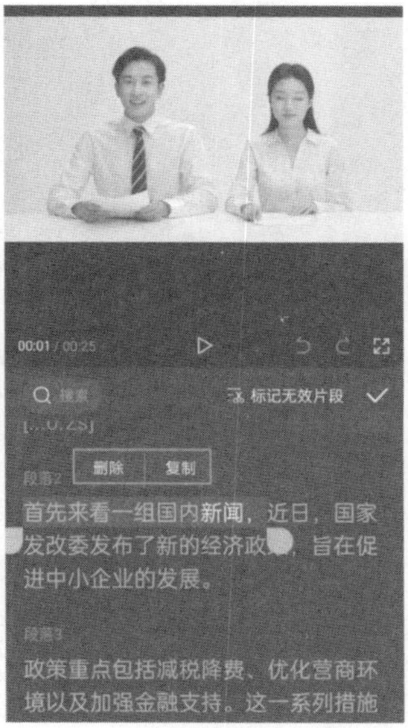

图 6-41

图 6-42

04 调整完成后，点击“确认”按钮，即可完成口播视频的编辑，如图6-43所示，点击“导出”按钮，即可将口播视频保存至本地或保存为草稿，如图6-44所示。

图 6-43

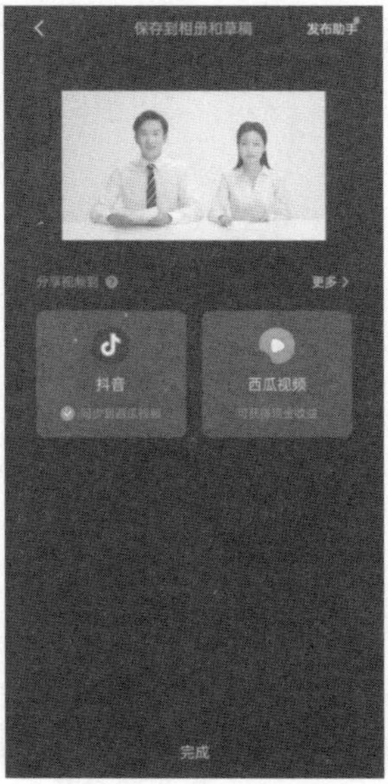

图 6-44

第 7 章

账号运营：流量增长的实战技巧

在互联网时代，流量就是商业成功的生命线。从内容创作者到品牌和企业，无不追求在庞大的网络生态中获取更多曝光，赢得用户青睐。然而，流量增长并非一蹴而就的，它背后藏着一套科学的运营逻辑和实战技巧。本章将聚焦流量增长的核心问题，全面剖析如何在不同的场景实现流量突破。

7.1　掌握视频号的推荐逻辑，轻松获得流量

在视频号的生态中，推荐逻辑是决定内容能否触达广泛受众的关键。理解并掌握平台的推荐机制，内容创作者不仅可以轻松获取自然流量，还能优化视频的传播路径，实现精准的用户覆盖。

7.1.1　自然流量的获取方法

自然流量是视频号中无须付费推广即可获取的观众流量。它是内容创作者实现流量增长的重要途径，也是衡量内容质量与用户吸引力的重要指标，下面是几种获取自然流量的方法。

1. 提高视频内容的质量

优质的内容是吸引自然流量的核心。无论是搞笑短剧、实用教程，还是热点分析，都需要具备以下特征。

（1）原创性：避免重复或搬运内容，创作能表达个人特色或品牌调性的原创视频。

（2）吸引力：在前三秒抓住用户的注意力，例如设计悬念、展示亮点或使用冲突画面。

（3）价值性：满足受众需求，如传递有趣、实用、会让人产生情感共鸣的信息。

2. 善用发布时间节点

在视频号，发布时间直接影响自然流量的分发效果，下面介绍优化发布时间的策略。

（1）用户活跃时段：根据目标用户群体的行为特征，选择早晚高峰（如7：00—9：00和18：00—22：00）发布内容。

（2）行业特点：不同领域有各自的黄金发布时间，例如教育类内容适合在工作日前后推送，娱乐类内容适合周末或假日。

3. 增加互动行为

算法会优先推荐互动量高的视频。提高互动率可以从以下几方面入手。

（1）引导评论：在视频中提出问题，激发观众发表意见。

（2）鼓励点赞和转发：如设置隐藏福利，只有转发的用户才能获得相关内容。

（3）与观众互动：及时回复评论，让用户感受到被关注，增强参与感。

4. 利用热点与趋势

抓住实事热点是获取自然流量的捷径，可以通过以下方法结合热点。

（1）内容策划：在热点事件、节日或流行话题中融入自己的创意。

（2）关键词植入：在视频标题、描述或标签中嵌入热点关键词，让内容更容易被搜索和推荐。

（3）模因化创作：模因通常是指互联网上广泛传播的图片、视频、梗、表情包或流行文化现象。运营者可以将热点梗与自己的内容结合，以轻松幽默的方式吸引流量。

5. 视频长度与结构优化

在自然流量获取中，视频的完播率和播放时长是关键指标。

（1）长度建议：尽量将视频时长控制在15～60秒，短视频尤其需要紧凑而精练。

（2）结构设计：开头快速吸引注意力，中段传递核心信息，结尾设置悬念或引导二次观看。

7.1.2 提升搜索曝光度

在视频号的生态中，搜索曝光度直接影响内容被用户发现的可能性。提升搜索曝光度是获取精准流量的重要手段，运营者可以通过关键词优化、内容优化、标题设计等方法，在竞争激烈的环境中脱颖而出。下面从多个角度详细介绍提升搜索曝光度的方法。

1. 精准关键词优化

关键词是搜索引擎和推荐算法理解内容的核心。优化关键词可以采用以下关键步骤。

（1）关键词研究

使用工具：借助百度指数、微信指数或其他AI工具，分析与视频内容相关的高频词。

借助用户搜索意图：分析用户可能输入的搜索词，结合内容主题设置关键词。

（2）关键词布局

标题：将关键词放置在标题前半部分，以便用户第一眼就能识别。

视频描述：在描述中自然融入关键词，同时避免过度堆砌。

标签：为视频设置与内容高度相关的关键词标签。

2. 优化视频标题

标题是吸引用户点击和被搜索引擎抓取的重要因素。优化标题的技巧如下。

（1）简洁清晰：将标题长度控制在25字以内，传达核心信息。

（2）包含关键词：优先将关键词放在标题开头，以提升匹配度。

（3）触发用户需求：在标题设置中融入悬念、利益点或行动导向的词语。例如，悬念型标题“为什么这款相机可以拍出大片效果？”；行动型标题“3分钟教你轻松掌握摄影技巧！”

（4）数字化标题：加入具体数字或结果，让内容更有吸引力。例如，“5个拍摄技巧，提升你的摄影水平”。

3. 视频描述优化

视频描述是搜索系统抓取内容的重要区域，可通过以下方式优化。

（1）关键词嵌入：自然地在描述中融入关键词，避免单纯堆砌或重复。

（2）详细说明内容：描述应概括视频的主要内容，帮助用户快速判断视频是否符合自己的需求。

（3）加入热点话题：如果视频内容与某个热点相关，可以在描述中提到相关词汇，增加被搜索到的机会。

4. 利用视频号生态功能

微信视频号内置的一些功能可以帮助提升搜索曝光度。

（1）添加相关话题

发布视频时，选择与内容相关的话题，例如“摄影技巧”“旅行拍摄”。

选择高热度话题，增加曝光机会。

（2）动态分享

将视频分享到朋友圈、微信群聊，提高初始播放量，推动平台推荐。

通过微信好友互动，增加视频在搜索结果中的权重。

（3）使用视频号个人主页优化

在个人主页简介中嵌入关键词，方便用户通过主页的内容搜索找到视频。

7.1.3　懂得利用私域流量

私域流量是指品牌或个人通过各种方式积累起来的可以自主掌控、反复触达、无须额外付费的用户资源。它与“公域流量”（如社交媒体推荐、广告平台投放等需要付费或依赖平台分发的流量）相对应。私域流量的核心在于建立直接联系，减少对平台中介的依赖，提升用户黏性和复购率，最终形成长期价值。下面是对私域流量的具体介绍。

1. 私域流量的特点

（1）可控性：私域流量归品牌和个人所有，运营方式可以自由定制，如通过社群运营、私信触达等。例如：将用户引流到自己的微信号、公众号或微信群内，即可实现自由沟通。

（2）高黏性：用户是基于信任或兴趣加入私域流量池的，通常具备更高的活跃度和忠诚度。

（3）低成本：一旦建立，后续的营销推广无须在公域流量中支付高额广告费用。

（4）反复触达：私域流量允许多次与用户交互，而无须每次支付费用，例如微信消息推送、社群活动等。

2. 私域流量和公域流量的区别

私域流量是与公域流量相对的一个概念。其中，“私”指的是个人化、私有化，强调的是属于自己、专属于个体的属性，与公域流量的“公”即公共、共有的特性形成鲜明对比。而“域”则代表范围，指的是这个流量的具体覆盖区域或界限。至于“流量”，它通常指的是具体的数量，如人流数量、车流数量或者用户访问量等。在这两点上，私域流量和公域流量是共通的，它们都是用来衡量某一区域内用户访问数量或活跃度的。

（1）公域流量

公域流量的渠道非常多，包括各种门户网站、超级App和新媒体平台，图7-1列举了一些公域流量的代表平台。

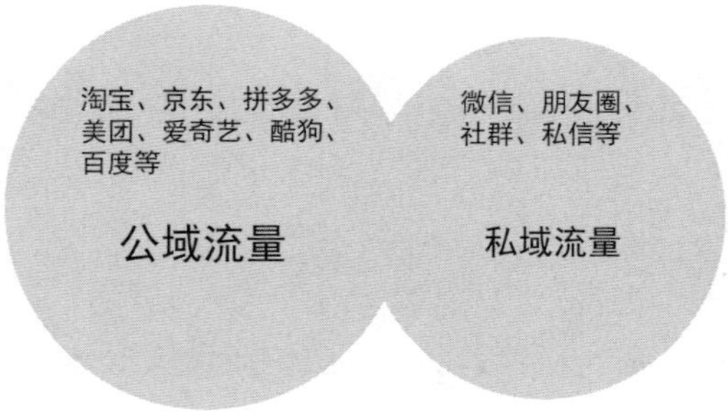

图 7-1

要在公域流量平台中获得流量，就必须熟悉这些平台的运营规则和特点。公域流量的特点如图7-2所示。

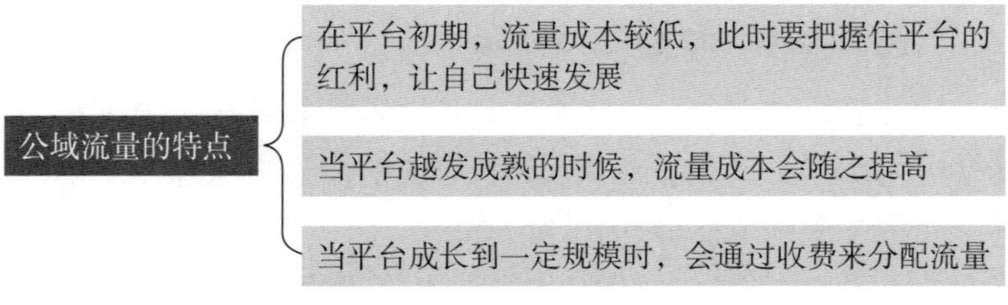

图 7-2

对企业而言，那些公域流量平台最终都需要通过付费来获取流量，这意味着企业所赚取的每一分钱都需要与平台分享一部分。而对于那些与企业有过交易记录的老客户，这样的费用投入显然显得不太划算。当然，这些平台对用户数据的保护做得相当到位，因为用户数据是它们的核心资产。因此，企业想要直接获取流量资源变得非常困难。正因为如此，许多企业都在积极寻求将公域流量转化为私域流量的途径，以便更好地管理和利用这些宝贵的客户资源。

（2）私域流量

对于私域流量，目前还没有统一的定义，但是私域流量有一些共同的特点，如图7-3所示。

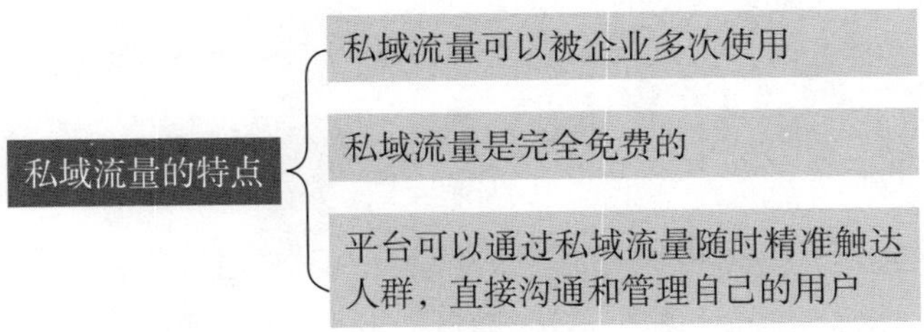

图 7-3

以微博为例，当微博内容成功登上热门头条，被所有微博用户浏览和关注时，这种流量便属于公域流量；反之，通过个人的动态页面发布微博，仅让自己的粉丝看到并与之互动，这种流量则属于私域流量。简而言之，公域流量意味着内容面向广大用户群体，而私域流量则更专注于与粉丝之间的深度互动。

据悉，微博平均日活跃用户数超过两亿。运营者可以通过微博来积累和经营自己的粉丝流量，摆脱平台的推荐和流量分配机制，从而更好地经营自己的资产，实现个人价值和商业价值。

对公域流量来说，私域流量是一种弥补其缺陷的重要方式，很多平台还处于红利期，可以帮助企业和自媒体人弥足短板。

3. 引流

（1）关联视频号：将视频号与公众号进行关联，在公众号文章中插入视频号内容。例如，在一篇美食类公众号文章中，插入美食制作的视频号视频，引导公众号读者点击观看视频内容，实现从公众号到视频号的流量引流。

（2）公众号引流：在公众号菜单中设置视频号入口，方便公众号粉丝直接进入视频号观看视频，增加视频号的流量来源。

7.2　视频号运营误区

视频号的运营工作比较复杂，不仅要懂内容，还要懂渠道，能进行互动，但是内容团队往往没有足够的资金来配备运营团队，导致内容创作者会涉及很多运营方面的工作内容，一不小心就会陷入误区，抓不住工作重点，下面就给大家介绍一下常见的视频号运营误区。

7.2.1 运营视频号的5大误区

在视频号的运营中，人们通常会遇到以下问题。

1. 盲目追求粉丝数量

很多运营者在开始运营的时候迫切追求上热门和增加浏览量，其实这并不一定是好事。这是因为粉丝数量虽然在一定程度上能够反映账号的受欢迎程度，但并非衡量运营效果的唯一指标。在这里提醒大家，做视频号不要急功近利，首要的是清楚视频是给谁看的，这一点很关键。

很多视频号运营者一开始就希望粉丝破万，其实这是需要沉淀和积累的。大家一定要明白，微信或者社群本来就是有用户圈层的，你要做的就是深耕自己的赛道，提高你的价值。

2. 急于变现

视频号变现的关键在于持续的积累和沉淀。许多运营者在看到其他视频号成功变现后，往往会心急火燎，渴望迅速获得收益。实际上，并非你的视频号无法变现，而是时机尚未成熟。在视频号运营的早期阶段，大家务必保持冷静和耐心，专注于内容的创作和推广工作。只有做好这些基础工作，才能够逐步建立起稳定的用户群体和品牌形象，为日后的变现奠定坚实的基础。否则，急于求成只会离变现的目标越来越远。

3. 迟迟不进入内容的高潮

用户的时间是非常宝贵的，尽管短视频的时长相对较短，但如果无法迅速进入内容的高潮部分，同样难以激发用户继续观看的欲望。再精彩的内容，如果无法被用户看到和欣赏，其意义也将大打折扣。因此，视频号运营者需要运用一些巧妙的策略，确保短视频在开头就能迅速吸引用户的注意力，引导他们进入内容的核心部分。

为了实现这一目标，运营者可以在视频的开头就明确介绍视频的目的和主题，或者制造一个小高潮，以此快速点燃用户的兴趣。此外，为了进一步保持用户的观看兴趣，还可以在视频中设置悬念，并通过精心的语言设计和情节推进，不断加深这一悬念，激发用户的好奇心，使他们始终保持观看的欲望。这样，不仅能确保用户愿意继续观看下去，还能提升视频的整体质量和用户体验。

4. 不和用户进行互动

有些运营者看到用户的评论跟没看到一样，甚至不愿意逐条回复评论，这样就会让用户流失。在不和用户互动方面，主要有4个表现。

（1）只发不看：有些视频号运营者只会发布视频，不会运营，这样其实还不如不发。这里提醒大家，发布完视频要学会做好3件事，一是发给好友，二是发朋友圈，三是转发社群，让大家给你提意见。这3个动作很重要，能很好地提升视频号推荐权重。另外，大家还要多看一些做得好的视频号，去总结和分析，最好用一个表格将这些视频号的特点罗列出来。

（2）只看不发：有些人只喜欢看别人的视频号，自己从来都不发，更有甚者每天混迹于视频号的运营群里，渴望寻求视频号的爆款秘籍，却从来不亲自制作一条视频。如果不制作视频，结果就是“永远学不会”。

（3）不会主动引导：在运营视频号时，要重视与粉丝的互动，保持自己账号风格的统一，多维度给予用户一些“刺激”。如图7-4所示，该博主就在视频结尾处加入了引导语“还想看我修什么，评论区留言”这样的话，引导用户进行评论，关注后续视频。总之，视频号运营者要多与用户进行互动，展现自己和账号的优势，吸引用户持续关注自己的内容。

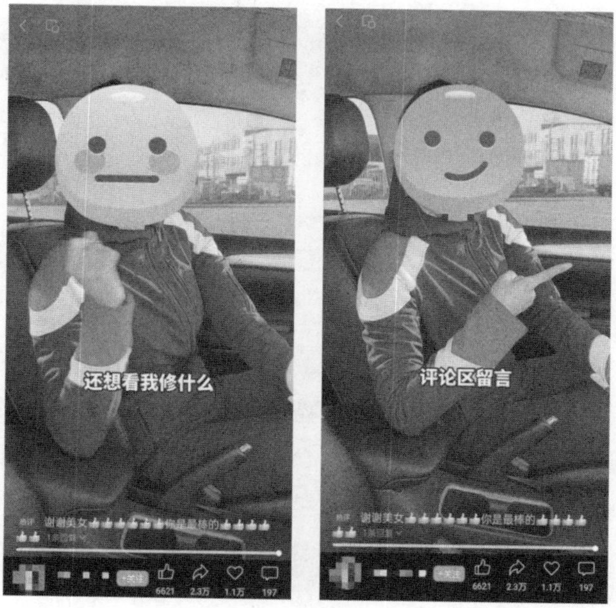

图 7-4

（4）不在评论区和用户互动：在短视频的评论交流区中，通过评论可以增加用户对产品的了解，增强用户对产品的信任，以更好地吸引大众购买产品，达到良好的营销效果。若是不和用户互动，那么视频号的价值将至少减少一半。

对视频号运营者来说，在发布作品后，如果由用户对作品进行评论，可以对优质评论点赞，这样，粉丝的评论就会被列入前排，如图7-5所示。对粉丝的评论进行点赞也是一种与粉丝互动的好方法。

除了点赞，更好的方法是回复粉丝的评论，这种互动方式黏性更高，评论区也会更丰富，如图7-6所示。

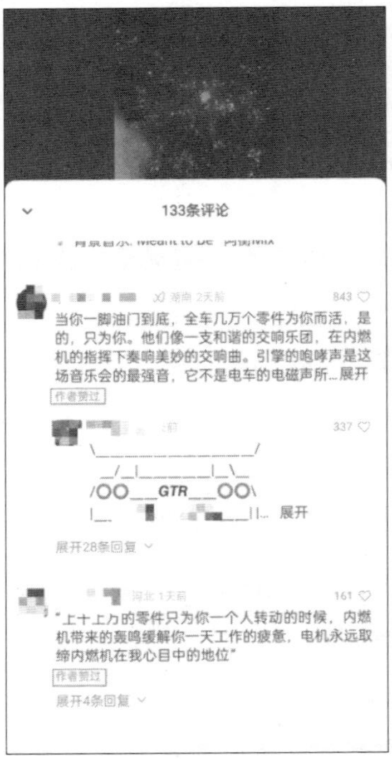

图 7-5

图 7-6

5. 盲目蹭热门

许多人对热门话题抱有极大的热情，甚至期待通过一次热门就实现粉丝数量的突飞猛进。尽管蹭热门话题确实是一条迅速吸引粉丝的捷径，但关键在于，并非每次热门话题都与你的账号定位相契合。如果热门话题与你的账号定位毫无关联，那么盲目追求热门话题将毫无意义。

若你希望有效利用热门话题来增加粉丝，那么必须拥有发散性思维。这意味着你需要深入思考以下问题：当前的热门话题与你的账号定位有何关联？在这些热门话题中，有哪些内容可以与你的账号内容相匹配？结合热门话题后，能否引发观众进一步思考和讨论？只有当你明确这些问题，并找到了合适的切入点以后，蹭热门话题才能真正发挥作用，为你的账号带来正面的影响。

7.2.2　视频号内容运营误区

在数字化浪潮的推动下，视频号内容运营已经成为企业、品牌乃至个人扩大影响力、提升用户黏性的重要手段。然而，随着市场竞争的日益激烈，许多运营者陷入了内容创作的误区，不仅未能达到预期的效果，反而影响了品牌声誉和用户体验。本节将深入探讨视频号内容运营的常见误区，帮助运营者走出困境，实现内容的高效传播及与用户的深度互动。

1. 内容质量差

短视频广告的内容应当有所节制，以确保质量和观众的接受度。然而，当前一些短视频平台在广告营销方面过于倚重高话题性、高关注度和具有影响力的公众人物，这种短视频的策略忽视了平台的长远发展。这种倾向导致了优质原创短视频内容的稀缺，对平台的可持续发展构成了威胁。

同时，短视频平台巨大的用户基数和其以用户生成内容（UGC）为主的生产模式，使得平台上发布的短视频数量庞大。这给平台方在内容审核方面带来了巨大的挑战，确保内容的合规性和质量变得尤为困难。

一些广告主在追求广告效果的过程中，过于直接和生硬地介绍自己的产品，缺乏创意和吸引力。这种近似于传统硬广告的内容形式，严重影响了用户的观看体验，甚至可能导致用户流失。

2. 内容尺度大

短视频广告，由于其根植于网络平台这一特性，与传统广告相比存在显著的区别。这些广告不再将推销产品作为首要任务，而是更多地将推广的产品融入娱乐内容之中。这些广告内容或因广告增添了娱乐价值，或者本身就具备娱乐性，从而使得娱乐的价值逐渐超越了商品本身的价值。

然而，这样的策略往往导致短视频广告无法达到预期的效果。以抖音平台为例，某些广告过于追求娱乐性，以至于商品本身的价值未能得到充分凸显。用户在观看完这些广告后，虽然觉得有趣，但并未对产品信息产生深入的了解和兴趣。如图7-7所示，明明是解说动漫的视频内容，结果却插入了二手车广告，这不仅不会达到预期的广告效果，反而会使用户对该视频感到讨厌。

图 7-7

3. 可信度较低

短视频广告的制作门槛相对较低，技术要求也并不苛刻，这使得很多制作者过分追求经济效益，而忽视了广告的真实性和质量。在这样的市场环境下，一些广告商更倾向于选择那些代言费用相对较低，但具有广泛影响力的网络红人进行合作。然而，这种选择往往也为一些不良商家提供了可乘之机，他们利用短视频广告平台，将劣质产品推向市场，借助网络的力量进行广泛传播。

当用户在接触到这些广告后，如果发现所推荐的产品存在质量问题或不符合预期，他们会对短视频广告产生不信任感。例如，某美妆网络红人在短视频广告中推荐的商品被相关部门检测出不合格，这一事件迅速引发了用户的不信任言论，对短视频广告的整体形象造成了负面影响，如图7-8所示。

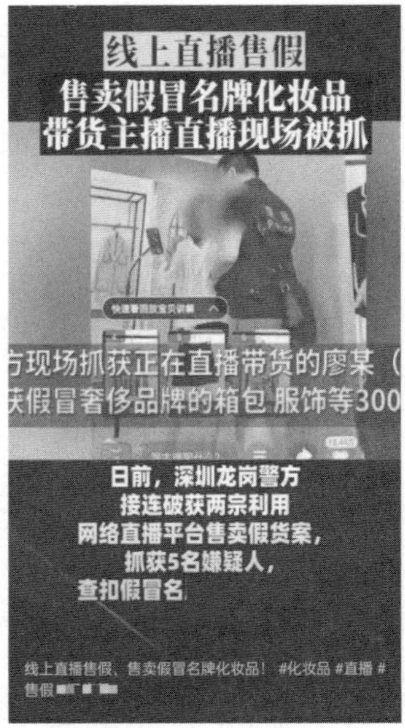

图 7-8

4. 内容造假

在当前的短视频制作与传播环境中，内容造假的现象屡见不鲜，已经形成了不良的风气。由于制作方在内容发布过程中占据主导地位，他们有权决定哪些内容得以展示。为了追求更高的关注度、粉丝数量，以及流量和收益，部分制作方不惜发布一些具有话题性但缺乏真实性的信息。这类虚假内容常以“新鲜事”为噱头，通过截取视频片段进行断章取义，甚至伪造热点事件和假新闻等手段，在短视频平台上频繁出现。

这些乱象不仅破坏了网络空间的纯净与健康，更对用户的价值观产生了负面影响。虚假信息的传播可能导致用户对社会现象和事件产生误解，进而扭曲他们的价值判断和行为取向。

5. 内容低俗

内容低俗是市场自由竞争中道德缺失的一种体现。为了迎合受众口味，吸引更多的流量和曝光，一些用户会选择上传大量的“三俗”（即庸俗、低俗、媚俗）内容，试图满足受众的猎奇心理。这种做法实质上是一种不正当的竞争手段，它无视了社会的公序良俗。鉴于短视频平台的受众群体以年轻一代为主，其中还包括未成年的青少年，低俗内容的传播极易扭曲他们的价值观，产生不良影响，甚至导致道德败坏和行为规范的失常。因此，运营者必须对这种现象予以高度重视，并采取有效措施进行治理。

7.2.3　视频号爆款误区

众多运营者都怀揣着打造爆款视频号的梦想，然而，在实现这一目标的道路上，他们往往容易陷入一些误区。

1. 缺乏受众分析

在打造爆款视频的过程中，粉丝扮演着双重角色：他们既是信息的受益者，又是信息的传播者，对于火爆的视频两者缺一不可。如果受众只是观看而不愿意传播，那么视频成为爆款的可能性将大大降低。因此，在前期，运营者必须深入了解受众的需求和特点。

（1）分享精神是受众的一种重要生活方式。他们通过分享来表达自己的需求、观点、个性和喜好，或为亲朋好友提供有用信息，以此体现自己的价值。

（2）娱乐需求也是受众的一大特点。新奇、幽默和焦点元素等能够满足受众的娱乐需求，特别是八卦类娱乐内容，更能帮助用户放松心情。

（3）社交需求也是受众在分享短视频时的重要动机。他们会在分享时附加对短视频的看法，希望通过这些视频找到志同道合的人。在讨论短视频内容的过程中，受众会建立新的关系，并通过再次分享来扩展人脉网络。

（4）猎奇心理是人的天性，一旦视频能够满足大众的猎奇心理，它就具备了吸引观众眼球的卖点和看点。

2. 不了解爆款特征

对于内容创作者，深入剖析爆款视频的特征有助于他们更准确地把握受众喜好，创作出更符合市场需求的内容。下面介绍爆款视频的一些特征。

（1）原有元素微创新：对大众所熟知的事物，如电影、电视、人物、事件等进行创新表现。

（2）剪辑手法创新：在视频广告中，放弃普通的叙事手法，通过独特的剪辑手法等进行再创作。

（3）“梗”的转化：“梗”代表高效率的信息传递。在短视频中，“梗”可以呈现视频主题，以绚烂的视觉效果吸引大众视线，也可以转化为信息元素，作为品牌商和大众沟通的桥梁，快速拉近品牌与受众之间的距离。

3. 视频缺乏可见度

可见度无疑是短视频的核心指标，它直接决定了视频能否被用户所察觉。站在客户的立场上，如果短视频无法吸引用户的目光，那么其他任何指标都将失去意义。因此，我们必须积极拓展多元化的传播渠道，以提升视频的可见度。同时，还需结合多种操作手段，如积极转发、短视频预热、前期引导及后期保持热度等，从而激发内容的二次传播效应，确保短视频能够在用户中引起广泛的关注和讨论。

7.3 AI运营目标清晰，获取流量更精准

在数字化时代，流量的获取和转化已经成为企业成功的关键因素。然而，面对多变的市场环境和用户需求，传统的运营策略往往显得反应迟缓，难以精准定位目标。AI技术通过强大的数据分析能力，能够快速识别潜在的市场机会，明确运营目标，并提供可执行的优化方案。本节将从3个方面展开，详细探讨AI如何助力清晰的运营目标设定、关键绩效指标（KPI）的制定，以及通过智能化复盘和策略调整进一步优化流量获取路径。

7.3.1 AI助力明确运营目标

运营目标是任何企业或个人在制定营销策略、增长流量时的核心指南。然而，传统方式下的目标制定通常依赖于人们的经验和市场观察，难以适应快速变化的用户需求和市场趋势。而AI技术的加入，能够通过数据驱动的方式，为运营目标的明确化提供精准、高效的支持。

下面从数据洞察、用户画像、市场趋势分析和个性化推荐4个角度，详细介绍AI如何助力明确运营目标。

1. 数据洞察：基于大数据的目标制定

AI通过分析历史数据和实时数据，能够快速提取与目标相关的关键信息，帮助企业制定科学合理的运营目标。

（1）行为数据分析：AI能够跟踪用户的浏览、点击、购买等行为，找出影响转化率的关键节点。例如，分析哪个时段的用户活跃度最高、哪些内容类型吸引更多的关注等。

（2）转化路径优化：通过分析流量来源和用户的购买路径，AI可以明确哪种渠道带来的转化率最高，从而为流量获取制定更高效的目标。

（3）异常识别：通过对历史数据的对比，AI可以快速识别异常数据（如流量骤降或骤增），帮助企业及时调整目标方向。

2. 用户画像：深度了解目标群体

AI通过多渠道数据融合和智能分析技术，能够精准构建用户画像，帮助企业明确运营目标。

（1）多维用户数据整合：AI结合用户的社交媒体行为、浏览记录、购物记

录等信息，构建出详细的用户画像，包括年龄、性别、兴趣爱好、消费能力等。

（2）用户分层管理：AI可以对用户群体进行自动分层，如高价值用户、潜力用户和低活跃用户。不同的分层目标为企业制定差异化的运营策略提供依据。

（3）预测用户需求：通过深度学习技术，AI可以预测用户的潜在需求。例如，对于一名频繁浏览电子产品的用户，AI可以推测其可能有购买新款智能设备的意向，进而明确目标人群。

3. 市场趋势分析：把握未来机遇

AI通过对市场趋势的精准分析，帮助企业抢占市场先机，制定清晰的运营目标。

（1）实时趋势捕捉：AI能够监测社交媒体、新闻平台和电商平台上的热搜趋势和热门话题，帮助企业及时调整内容策略，获取更多流量。

（2）竞品分析：通过对竞争对手的分析，AI能够识别竞品的运营方向和用户反馈，从而为自身目标的制定提供参考。

（3）区域化市场分析：AI可以针对不同地域市场的数据进行分析，帮助企业发现区域性机会，制定适合特定地区的目标。

4. 个性化推荐：驱动精准目标设定

AI通过个性化推荐技术，不仅提升了用户体验，还能帮助企业明确具体的运营目标。

（1）内容推荐优化：AI根据用户兴趣，为他们推荐更符合需求的内容，从而帮助企业明确流量获取的目标内容和方向。

（2）产品推荐策略：基于用户浏览和购买历史，AI能够制定具有针对性的产品推荐策略，例如推荐“热门”或“专属”商品，提升销售目标的明确性。

（3）运营节奏规划：AI可以根据用户行为数据，优化内容和产品的发布时间，确保目标的实现更加高效。

7.3.2　使用AI制定关键绩效指标

扫码看案例效果

在传统商业管理中，关键绩效指标（KPI）是评估目标实现和业务表现的核心工具。然而，随着商业环境的复杂性和数据量的指数增长，传统的KPI逐渐暴露出无法动态适应变化的缺陷。人工智能（AI）的介入彻底颠覆了这一局面，它为KPI的设计、优化和应用提供了智能化和数据驱动的解决方案。下面介绍如何使用DeepSeek助力企业制定KPI的具体方式。

在使用DeepSeek制定关键绩效指标时，需要分析账号现状，具体说明如下。

（1）账号现有数据

当前粉丝数量、每个月的新增粉丝数量、平均每个帖子/视频的互动量（点赞、评论、分享、观看时间等），以及受众的基本情况（性别、年龄、地区等）。

（2）内容类型

哪类内容最受欢迎（例如旅行日志、日常分享、生活技巧等）；哪些内容的互动较低，需要改进。

在分析完账号数据后，将相关数据提供给DeepSeek，让其制定关键绩效指标并提供改进意见。

我是一个生活博主，主要通过社交媒体平台（例如视频号和公众号）分享生活方式和旅行内容。最近我的账号增长有些停滞，粉丝数和互动率似乎没有显著增加和提高。我想通过设定关键绩效指标（KPI）来提升我的账号表现。下面是我账号目前的状况。

1.当前粉丝数量为：27万。

2.粉丝增长：每月新增粉丝数由原来的5%降低为2.3%。

3.平均每个帖子/视频的互动量为1100左右。

4.受众的基本情况：18~40岁的男性居多。

5.目前一些分享旅行日志内容的点赞、评论和观看时间较多。

6.每周发布3~4次公众号帖子，每个月发布4~5个视频号内容。

7.目前没有通过其他渠道引导流量。

你能帮助我制定合理的KPI并给出一些改善建议吗？

你好！根据你提供的信息，我认为你的账号面临的挑战主要集中在粉丝增长放缓、互动率相对较低，以及缺乏其他流量引导渠道上。为此，我们可以通过设定一些合理的KPI，并提出优化建议来帮助你提升账号的表现。

1. 设定KPI

我们根据你当前的情况，制定几个关键绩效指标（KPI），这些KPI应当是具体、可衡量的，同时与你的长期目标相符。

（1）粉丝增长相关KPI

月新增粉丝数增长率：设定目标为每个月粉丝增长率提升到5%（恢复原来的增速）。

通过内容优化和更精准的目标受众定位，推动粉丝数的增长。

追踪每个月的增长情况，确保能保持在目标范围内。

（2）互动率相关KPI

每篇内容的互动量：将每篇内容的平均互动量提升至1500，增长约36%。

通过优化内容和提升互动策略来增加每篇内容的点赞、评论和分享。

（3）评论和分享的增加

每篇内容的评论数提升20%。

每篇内容的分享数提升30%。

（4）内容发布和频率KPI

视频号内容发布频率：提高到每个月6~8次，比目前的4~5次稍微增加，确保内容发布频率得到提升。

公众号内容发布频率：维持在每周4~5次，通过更丰富的内容类型（例如专题文章、问答互动、用户生成内容等）保持高频率的发布。

（5）流量引导KPI

跨平台流量引导：开始引导至少10%的公众号流量进入视频号，反之亦然。通过在文章末尾添加视频号二维码、相关链接或通过互动引导粉丝关注其他平台。

合作与推广：每月至少进行1~2次跨平台合作或引流活动（例如与其他博主合作、公众号广告推广等）。

（6）观众黏性KPI

观看时长：提高视频号内容的平均观看时长10%~15%，通过内容优化让观众观看得更久，提升内容的留存率。

公众号点击率：提升公众号文章的点击率至15%，通过优化标题、封面图和内容的可读性提高点击率。

2. 改善建议

以下是几个可以帮助你提高上述KPI的策略和建议。

（1）内容优化和多样化

深度内容：针对你已有的旅行日志内容，可以考虑将其做得更加深入，例如添加旅行小贴士、个人体验、旅行准备清单等内容，增强实用性和情感共鸣。

短视频与直播：虽然你已经在视频号发布内容，但可以增加更多互动性强的短视频（例如旅行小窍门、Q&A、旅行问答等），并尝试定期进行直播，与粉丝进行即时互动。

用户生成内容（UGC）：可以通过引导粉丝发布他们的旅行照片或故事，并标注你的账号，从而增加互动和内容传播，增加用户黏性。

内容专题化：例如可以根据季节、节假日等创建内容专题（比如“春季旅游推荐”“夏季旅行必备清单”等），让你的内容更加有针对性，吸引粉丝持续关注。

（2）增强互动策略

互动性增强：在每篇内容中加入更多互动元素，例如问题、投票、评论互动话题等。比如“你最喜欢的旅行目的地是哪？”“谁有类似的旅行经历？在评论区告诉我！”

定期互动活动：例如每个月一次的粉丝互动活动（如问答环节、粉丝抽奖等），通过这些活动让粉丝参与进来，提高粉丝黏性。

回应评论与私信：增加和粉丝的互动频率，不仅回复评论，还可以通过私信感谢新粉丝或老粉丝，增强社群感和粉丝忠诚度。

……

7.3.3 使用AI及时复盘并调整运营策略

扫码看案例效果

使用AI复盘与调整策略，简单来说，就是利用人工智能技术（如机器学习、自然语言处理、数据分析等）对过去的运营数据进行回顾分析，从中找出问题与机遇，并基于这些分析结果调整未来的运营策略。

沿用上述案例，让其对账号信息进行复盘并调整运营策略，下面是具体的提示词和回复。

我的账号最近增长放缓，粉丝数和互动量没有显著提升。虽然我每周都发布内容，但似乎效果不如以前。我希望通过复盘来找到问题，并调整运营策略。下面是我账号的具体数据。

粉丝数：27万

每月新增粉丝数：原来5%，现在下降到2.3%

每个帖子/视频的互动量：1100左右

主要内容类型：旅行日志、日常生活分享

发布频率：视频号4~5个内容/月，公众号每周3~4篇文章

受众：18~40岁男性居多

目前没有其他引流渠道

请帮我分析一下目前的情况，并给出一些具体的建议。

你好！根据你提供的数据和当前的情况，我们可以通过分析你的账号表现，找到问题并制定一些具体的改进措施。以下是我对你账号现状的分析，以及针对性的建议。

1. 数据分析与问题识别

a. 粉丝增长放缓

现象：每月新增粉丝数从5%下降到2.3%。

可能的原因：粉丝增长放缓通常有几个可能的原因。

➢内容吸引力下降：粉丝增长放缓可能表明现有内容的吸引力下降，粉丝对于现有内容的兴趣逐渐降低。

➢受众疲劳：如果内容一直围绕旅行日志和日常分享，受众可能会感到审美疲劳或缺乏新鲜感，导致粉丝数量增长放缓。

➢平台算法调整：平台的推荐机制可能发生了变化，导致你的内容曝光量下降。

➢发布频率与互动不足：较低的互动量也可能导致平台算法减少你的内容曝光，从而影响粉丝增长。

b. 每个帖子/视频的互动量保持在1100左右

现象：互动量维持在1100左右，但没有显著提升。

可能的原因：

➢互动方式单一：如果你的互动方式过于单一，比如只是简单的点赞和评论，可能无法激发粉丝更多的互动。

➢缺乏互动激励：没有有效的互动激励措施（例如提问、举办活动、开展抽奖等）可能会导致粉丝参与度不足。

➢内容类型过于单一：虽然旅行日志内容互动较高，但如果没有创新或多样化的内容形式，可能导致粉丝兴趣下降。

c. 内容类型和受众分析

现象：主要内容类型为旅行日志和日常生活分享，受众以18~40岁男性居多。

可能原因：

➢受众兴趣精准：18～40岁男性受众群体可能对旅行内容较感兴趣，尤其是探险、户外、极限运动等，但日常生活分享可能对这一群体的吸引力不如旅行内容强。

➢内容多样性不足：你可以尝试增加一些与受众兴趣更相关的内容形式，如冒险类旅行、旅行实用指南、旅游背后的故事等。

d. 发布频率与跨平台引流

现象：你的视频号每个月发布4~5次内容，公众号每周发布3~4篇文章，且没有通过其他渠道引导流量。

可能的原因：

➢内容发布频率相对较低：虽然频率还不错，但考虑到平台的激烈竞争，每个月4~5个视频号内容和每周3~4篇文章可能不足以维持较高的曝光量，尤其是如果内容没有足够的新意。

➢缺少跨平台流量引导：没有通过其他渠道引导流量，可能导致你无法最大化内容的曝光和粉丝数量增长。不同平台之间的流量可以相互导入，提高整体曝光度。

2. 具体建议与优化措施

a. 提升内容的吸引力与多样性

首先细分内容类型。

➢旅行类内容：可以深入细分旅行内容，增加与男性受众相关的元素，如极限运动、冒险旅行、背包客旅行、摄影分享等，增强内容的目标性和吸引力。

➢混搭内容形式：尝试不同的内容形式，如旅行Vlog、旅行小贴士、旅行背后的故事、受欢迎的旅行目的地推荐等，打破单一内容类型的局限，增加内容的新鲜感。

➢故事化与情感共鸣：更多地融入个人故事或情感元素，尤其是在旅行内容中，通过“故事讲述”的方式让粉丝感同身受。比如你可以分享旅行中遇到的有趣经历、挑战或感悟。

……

7.4　搜索优化：提升账号和内容排名

无论是视频号、公众号，还是其他内容发布平台，搜索排名的高低直接决定了内容的曝光度和账号的影响力。因此，掌握搜索优化技巧，尤其是结合AI技术提升账号和内容排名。本节将围绕搜索优化的核心策略展开，帮助你通过关键词研究、AI工具应用和内容策略调整，系统地提升账号在平台内外的搜索排名，从而实现流量与转化的双重突破。

7.4.1 做好搜索关键词的研究

做好关键词的研究是指通过分析用户在搜索引擎上常用的搜索词，找到相关的优化方向，进而提高网站的搜索排名和流量。下面对其进行详细的说明。

1. 了解关键词的类型和用途

在研究关键词之前，首先需要了解关键词的类型和用途，以便更好地筛选和应用。一般来说，关键词可以分为以下几类。

（1）核心关键词

简洁直接，通常是用户搜索的主题。例如，“护肤品”“减脂餐”“视频剪辑”等。

（2）长尾关键词

长尾关键词相较于核心关键词来说更为具体，且搜索率较低，但普遍转化率较高。例如“适合敏感肌的保湿护肤品”“低脂低卡的家常菜做法”等。

（3）品牌关键词

与品牌相关的词语，通常是用户主动搜索的意向型词。例如“××博主”“××公众号”等。

（4）趋势关键词

趋势关键词往往是短时间内快速增长的词语，适合热点追踪。例如“双11优惠推荐”“短视频剪辑教程2026”等。

2. 分析用户的搜索行为

关键词的价值不仅在于热度，还在于是否能满足用户的需求。通过分析用户的搜索行为，了解用户在搜索时的主要动机，可以提高内容与受众需求的切合度。下面介绍一些方法。

（1）搜索意图分析

用户在搜索关键词时通常带有明确的意图，这种意图可以分为几种主要类型，例如获取信息、寻找解决方案或购买某种产品。通过分析关键词背后的意图，可以更有针对性地创建内容。

例如，搜索“怎么拍短视频”的用户可能希望获取操作教程，而搜索“拍视频用什么设备”的用户可能在寻找购买建议。

（2）关注用户的问题

关键词的产生往往源于用户在生活、工作中遇到的具体问题，而这些问题本身也蕴含着大量的内容创作机会。通过观察和研究用户提出的问题，可以更好地挖掘潜在关键词，同时也能进一步明确用户需求。

例如，通过短视频评论区、微信公众号后台留言、微博话题等，查看用户提出的问题。使用知乎、百度知道、豆瓣等平台，输入相关关键词，查看用户正在讨论的话题。

（3）模拟用户搜索

为了更全面地理解用户的搜索行为，站在用户的角度模拟搜索操作是一种非常有效的方式。这种方式可以帮助创作者挖掘潜在的关键词组合，并验证关键词的实际搜索效果。

例如，用户目标为“如何用手机拍摄有趣的短视频？”可能的搜索词有“手机短视频拍摄技巧”“用手机拍视频的教程”“短视频拍摄入门指南”。

3. 定义关键词筛选标准

在选择关键词时，不仅需要研究其热度，还需要综合考虑与内容的相关性、用户需求的匹配度及竞争强度。在筛选关键词时，可以参考以下标准。

（1）与内容的匹配度

关键词必须精准描述内容的主题，避免使用过于宽泛或模糊的词汇。例如，“短视频”过于宽泛，不如“短视频拍摄技巧”更贴合内容。

（2）用户的实际需求

关键词应能够回应用户的真实问题或痛点。例如，用户搜索“如何快速涨粉”，说明他们更关注实用技巧，而非理论内容。

（3）搜索热度与竞争强度

优先选择搜索量较高但竞争适中的关键词。可以借助工具如“百度指数”或“谷歌趋势”进行分析。

（4）长尾关键词优先

针对竞争激烈的领域，优先选择具体的长尾关键词。例如，“公众号运营”竞争较大，但“教育类公众号涨粉技巧”竞争较小且转化率更高。

7.4.2　使用AI提升视频内容的曝光率

扫码看案例效果

在当前的短视频竞争中，仅仅依靠创作者的直觉和传统推广手段已难以脱颖而出。而人工智能（AI）的介入，为内容创作提供了强大的支持，可以大幅提升视频内容的曝光率。

使用DeepSeek提升视频内容曝光率的关键要点如下。

（1）直接告诉账号的现状。

（2）说明自己的目标（提升曝光率、吸引更多粉丝等）。

（3）简单列出你希望它从哪些方面提供帮助（如内容优化、算法建议等）。

下面是使用DeepSeek提升视频内容曝光率的具体提示词和回复。

我是一个专注于分享旅行和日常生活的博主，但最近我觉得视频的播放量和点赞数都停滞了。你能帮我想一些方法来提升视频的曝光率吗？我需要的是一些具体的优化策略，比如内容选题、发布时间或者互动方式的建议。

当然可以！以下是一些具体的优化策略，帮助你提升视频的曝光率。

1. 内容选题优化

紧跟热点：

关注当前的热门话题或事件，比如季节性旅行地点、节假日相关内容（如“圣诞节必去的5个浪漫小镇”）。利用热点关键词吸引更多搜索和推荐。

解决问题型内容：

针对观众的具体需求制作视频，如“预算内如何玩转欧洲三国”或“手机拍出旅行大片的5个技巧”。这样的实用内容更容易吸引观众转发和收藏。

引入故事感：

把你的旅行和日常生活融入故事中。例如，不只是简单展示景点，而是讲述“我如何在偏远的小镇找到一家隐藏的咖啡馆”的经历，让观众有代入感。

独特视角：

找到与众不同的切入点，比如冷门旅行目的地的探秘或介绍旅行中的“失误故事”，这些内容更具差异性和新鲜感。

2. 视频制作优化

封面与标题：

确保视频封面简洁又吸引人，可以用对比图或鲜明的场景照片，加上一句吸引眼球的标题，比如“3天2000元畅玩海岛”。标题中融入悬念或数字能吸引更多点击。

前5秒抓住观众：

在视频开头设置亮点，比如直接展示最美的画面、独特的旅行经历片段，或者用一句吸引力十足的开场白勾起观众的好奇心。

优化视频节奏：

对于旅行视频，可以结合快慢节奏的剪辑手法，比如展示壮丽景观时加背景音乐并使用慢镜头，而过渡场景可以用快速镜头切换，增加趣味性和观赏性。

字幕与音效：

添加动态字幕或音效增强观感，尤其是旅行风景中的自然声（如海浪、鸟鸣），能更好地吸引观众沉浸其中。

3. 优化发布时间

分析数据：

查看平台的后台数据，找出你的目标观众在什么时间活跃。例如，如果你的受众多为18～40岁的男性，可以选择晚上8点到10点发布视频，这通常是他们的休闲时间。

测试不同的时间段：

如果没有明确的活跃时间，可以在一周内尝试不同的发布时间，观察曝光率和互动量的数据变化，找到最佳发布时间。

定期固定更新：

保持发布频率稳定，比如每周二、周五发布内容，这样有助于培养用户的期待感，让观众形成习惯。

4. 增强互动性

评论区互动：

视频结尾设置问题或邀请观众互动，比如“你最想去的旅行地是哪里？留言告诉我！”然后主动回复评论，提升内容热度。

粉丝共创：

邀请粉丝投稿或分享他们的旅行故事，并在视频中展示他们的内容，增加粉丝参与感。

互动玩法：

发起有趣的活动，如与旅行相关的问答、投票（如“你更喜欢海岛还是山地旅行？”），让粉丝主动参与互动。

5. 利用AI与算法推荐

关键词优化：

分析平台的热门搜索词，结合你的视频内容设计标题和标签，让视频更容易被平台算法识别并推荐。

热点趋势跟踪：

借助AI工具（如ChatGPT）生成当下最热门的内容灵感或流行趋势，比如“近期流行的旅行目的地”或“适合视频封面的吸睛文案”。

调整视频长度：

根据平台的推荐算法偏好，测试不同时长的视频（如短于1分钟的速览视频，以及3~5分钟的深度内容）来获取更多推荐。

6. 合作与推广

跨领域合作：

和其他旅行博主、日常生活创作者互相推荐账号，或者一起推出联名视频。

寻找品牌合作：

联系与旅行相关的品牌（如民宿、旅行装备公司）进行合作推广，这不仅能提升视频质量，还能吸引品牌粉丝的关注。

社交平台分发：

不要只局限于一个平台，将视频发布到多个平台（如抖音、小红书、B站），吸引不同平台的受众。

通过这些具体的方法，你可以全方位地优化内容并提升视频的曝光率。如果需要进一步调整或优化更多细节，可以随时告诉我，我将根据你的账号特点继续完善策略！